OS ENGENHEIROS DO CAOS

OS ENGENHEIROS DO CAOS

Giuliano Da Empoli

tradução Arnaldo Bloch

10ª reimpressão   Coleção **ESPÍRITO DO TEMPO**   **VESTÍGIO**

Copyright © 2019 Éditions Jean-Claude Lattès

Título original: *Les ingénieurs du chaos*

Todos os direitos reservados pela Editora Vestígio. Nenhuma parte desta publicação poderá ser reproduzida, seja por meios mecânicos, eletrônicos, seja via cópia xerográfica, sem a autorização prévia da Editora.

EDITOR RESPONSÁVEL
Arnaud Vin

EDITOR ASSISTENTE
Eduardo Soares

PREPARAÇÃO
Sonia Junqueira

REVISÃO
Eduardo Soares
Mariana Faria

CAPA
Diogo Droschi (sobre imagem de Gremlin/ Getty Images)

DIAGRAMAÇÃO
Larissa Carvalho Mazzoni

Dados Internacionais de Catalogação na Publicação (CIP)
Câmara Brasileira do Livro, SP, Brasil

Empoli, Giuliano Da
  Os engenheiros do caos / Giuliano Da Empoli ; tradução Arnaldo Bloch.
– 1. ed.; 10. reimp. – São Paulo : Vestígio, 2025 – (Espírito do tempo).

Título original: Les ingénieurs du chaos.
ISBN 978-85-54126-60-5

1. Comunicação - Aspectos políticos 2. Comunicação na política - Inovações tecnológicas - 1990- 3. Mídia social - Aspectos políticos 4. Populismo I. Título II. Série.

19-31178   CDD-302.24

Índices para catálogo sistemático:
1. Comunicação na política : Conselheiros : Aspectos sociais 302.24

Maria Alice Ferreira - Bibliotecária - CRB-8/7964

A **VESTÍGIO** É UMA EDITORA DO **GRUPO AUTÊNTICA**

São Paulo
Av. Paulista, 2.073 . Conjunto Nacional
Horsa I . Salas 404-406 . Bela Vista
01311-940 . São Paulo . SP
Tel.: (55 11) 3034 4468

Belo Horizonte
Rua Carlos Turner, 420
Silveira . 31140-520
Belo Horizonte . MG
Tel.: (55 31) 3465 4500

www.editoravestigio.com.br
SAC: atendimentoleitor@grupoautentica.com.br

"Os maus, sem dúvida, entenderam alguma coisa que os bons ignoram."

Woody Allen

■ SUMÁRIO

Introdução 9

1. O Vale do Silício do populismo 27
2. A Netflix da política 43
3. Waldo conquista o planeta 67
4. *Troll*, o Chefe 91
5. Um estranho casal em Budapeste 119
6. Os "físicos" e os dados 141

Conclusão: A era da política quântica 165
Notas bibliográficas 179

■ INTRODUÇÃO

EM 19 DE FEVEREIRO DE 1787, Goethe está em Roma. Chegou à cidade no início de outono e tratou de ocupar um apartamento anônimo na Via del Corso, de onde pode contemplar, sem ser visto, a animação da principal artéria do centro histórico. O poeta veio procurar na cidade eterna tudo o que, até agora, foi negado à sua vida de filho prodígio da literatura alemã, conselheiro privado do grande duque de Weimar e responsável pelas minas e vias públicas do ducado. Acima de tudo, Goethe veio em busca da liberdade de dispor de seu tempo como bem entender. Para não ser importunado pelos admiradores do Jovem Werther[1] – que o seguem há anos, onde quer que vá – decidiu assumir a falsa identidade de um pintor,

---

[1] Marco inicial do Romantismo, *Os sofrimentos do jovem Werther* (1774), de Goethe, provocou, por toda a Europa após sua publicação, além de admiração, uma onda de suicídios, o chamado "efeito Werther". [N.T.]

Jean Philippe Möller, o que lhe vem garantindo, até o momento, a tranquilidade que tanto almeja.

Nesse dia 19 de fevereiro, o poeta nota uma forte agitação do lado de fora. Então, inclina-se à janela e vê uma cena inesperada: nas varandas e diante das portas dos prédios vizinhos, os moradores instalaram cadeiras e tapetes. Como se, de repente, quisessem transformar a rua em salão. Ao mesmo tempo, ao longo da Via del Corso, o sentido do trânsito de carroças se inverteu, produzindo o caos, e personagens curiosos começaram a despontar na multidão. "Rapazes disfarçados de mulheres do povo, com seus trajes de festa, o peito descoberto, audaciosos até a insolência, acariciam os homens com quem cruzam, tratam, com familiaridade e sem cerimônia, as mulheres como suas colegas e se deixam levar por todos os excessos, ao sabor dos caprichos, do espírito e da vulgaridade." Simetricamente, "as mulheres também se divertem prazerosamente ao mostrar-se em trajes masculinos", produzindo resultados que o poeta não hesita em definir como "muito interessantes". Há até, no meio do povo, um personagem com duas faces: "Não se entende se é sua frente ou sua traseira, nem se ele vai ou vem".

É o começo do Carnaval, a festa que tem por hábito virar o mundo de cabeça para baixo, invertendo não somente as relações entre os sexos mas também entre as classes e todas as hierarquias – que, em tempos normais, regem a vida social. "Aqui, basta um sinal", prossegue Goethe em seu relato, "para anunciar que cada um pode enlouquecer do modo que deseja e que, à exceção de golpes de porrete ou de faca, quase tudo é permitido. A diferença entre castas alta e baixa parece, por um instante, suspensa; todos se aproximam uns dos outros, todos aceitam com desenvoltura seus destinos, enquanto a liberdade e a permissividade são mantidas em equilíbrio pelo bom humor universal."

Dentro desse espírito, os cocheiros se fantasiam de senhores e os senhores, de cocheiros. E mesmo os abades, com suas túnicas negras, geralmente merecedoras do maior respeito, viram alvos ideais dos lançadores de confetes de gesso e argila. Assim, os pobres coitados ficam rapidamente cobertos, dos pés à cabeça, de manchas brancas e cinzentas. Ninguém está imune a um ataque, muito menos os membros das famílias mais bem situadas. Esses se concentram à altura do Palazzo Ruspoli, onde se desencadeiam, por sinal, os "assaltos" mais cruéis e as "batalhas" mais sangrentas. Ao mesmo tempo, os polichinelos, às centenas, surgem e se reúnem em outro endereço. Depois, elegem um rei, entregam-lhe um cetro, acompanham-no ao som de música e conduzem-no aos urros à frente do Corso, num pequeno carro decorado.

Tudo isso se dá numa atmosfera de alegria coletiva, mesmo que Goethe não se furte a perceber algumas notas desafinadas: "Não é raro", ele observa em dado momento, "que a batalha fique séria e se generalize; então, é assustador testemunhar a obstinação e o ódio pessoal que vai tomando conta de todos". Ou ainda, descrevendo a corrida de cavalos que passa pelo Corso, ele menciona graves incidentes e as "numerosas tragédias, que, no entanto, passam despercebidas, e às quais não se dá nenhuma importância". É a face obscura do Carnaval, a combinação inextricável da festa e da violência sobre a qual se ergue seu potencial subversivo. E que deixa no peito dos participantes, quase sempre, uma dúvida sobre a natureza real daquilo que se passou. O Carnaval não é uma festa como as outras, mas a expressão de um sentimento profundo e impossível de se deter, latente sob as cinzas da cultura dos povos. Não é por acaso, como observa Goethe, que não se trata de uma celebração oferecida ao povo pelas autoridades, mas sim uma "festa que o povo oferece a si mesmo".

Desde a Idade Média, o Carnaval é a ocasião para o povo derrubar, de forma simbólica e por um tempo limitado, todas as hierarquias instituídas entre o poder e os dominados, entre o nobre e o trivial, entre o alto e o baixo, entre o refinado e o vulgar, entre o sagrado e o profano. Nesse clima, os loucos viram sábios, os reis, mendigos, e a realidade se confunde com a fantasia. Um golpe de Estado simbólico que termina quase sempre com a eleição de um rei, substituto temporário da autoridade oficial.

Não se deve, portanto, estranhar que a fronteira entre a dimensão lúdica e a dimensão política do Carnaval sempre tenha sido, em essência, frágil. A prova está nos vários episódios durante os quais a festa se transformou em revolta, a ponto de gerar verdadeiros massacres, sempre que a multidão não se contentou em destituir os poderosos para rir – mas, em vez disso, tentou assassiná-los de fato. Não é tampouco surpreendente que essa festa tenha sido abolida, em algum momento, em quase todos os lugares, inclusive em Roma, ao raiar da Revolução Francesa, por temor de que se produzisse um contágio. Na França, foram os jacobinos, eles mesmos, que suspenderam o Carnaval, chegando ao extremo de punir com a pena de morte aqueles que tivessem a audácia de se fantasiar. "É uma festa boa para os povos escravos", diria Marat.[2] Ou seja, a Revolução realizou, efetivamente e de uma vez por todas, a grande virada. Logo, é inútil insistir em se disfarçar: circulem, não há nada para ver.

Contudo, nenhum poder jamais conseguiu se libertar completamente do Carnaval e de seu espírito subversivo. Ao longo de séculos, esse espírito percorreu infatigavelmente as ruas para se estampar nos panfletos e nas caricaturas dos jornais populares. Até reaparecer, mais recentemente, nas sátiras dos shows de TV e nos ataques dos *trolls*[3] na internet. Mas só muito recentemente o Carnaval deixou, por fim, sua praça preferida, às margens da consciência do homem moderno, para adquirir uma centralidade inédita, posicionando-se como o novo paradigma da vida política global.

Em Roma, mais de dois séculos após a visita de Goethe, o Carnaval reconquista seus direitos. Em primeiro de julho de 2018, um novo governo assume. Seu chefe é Mister Chance, o jardineiro do filme com Peter Sellers. Como em *Muito além do jardim*, Giuseppe Conte – o novo presidente do Conselho de Ministros – é um anônimo sempre meio deslocado que, por uma série de estranhas coincidências, chega ao topo do poder. Mas, ao contrário do jardineiro de Sellers, no dia seguinte à nomeação desse desconhecido

---

[2] Jean-Paul Marat (1743-1793), jornalista, filósofo, médico, teórico e político radical da Revolução Francesa. [N.T.]

[3] *Troll*, na linguagem da internet, designa usuários que disseminam a discórdia, a fúria e o caos nas redes sociais, aleatoriamente ou com estratégias definidas. [N.T.]

professor sem a menor experiência política, os principais jornais estrangeiros tentam desmascará-lo. Assim, eles revelam que o único elemento de informação disponível sobre Mister Conte, seu *curriculum vitae* on-line, está repleto de *fake news*. A partir desse momento, começam a chover nos quatro cantos do planeta os desmentidos das universidades mais prestigiosas do mundo – New York University (NYU), Cambridge, Sorbonne – citadas no CV do jardineiro como "locais de aperfeiçoamento". As instituições confirmam, de imediato, não terem achado qualquer traço de sua passagem pelos corredores de suas escolas.

No entanto, mesmo tendo sido pego de calças curtas em cadeia global, o imperturbável Mister Conte persiste em sua ascensão à cúpula das instituições italianas. O que permite aos dois líderes políticos do Movimento 5 Estrelas e da Liga, verdadeiros homens fortes do novo governo, atingir seu objetivo: ocupar tranquilamente seus lugares no pódio logo abaixo dele. Ao menos o primeiro, à frente do Movimento 5 Estrelas, Luigi Di Maio – nomeado vice-presidente do Conselho e ministro da Indústria e do Trabalho – não tem problemas de currículo. Aos 30 anos e sem diploma universitário, ele só conta com uma única experiência em seu ativo profissional antes de virar deputado graças aos 189 votos obtidos nas primárias do Movimento 5 Estrelas: guia do estádio San Paolo de Nápoles. "Eu trabalhava no mais alto nível", declarou ao jornal *Corriere della Sera*, "acompanhei muitos VIP até seus lugares". Mas isso não o impede de assumir rapidamente um dos principais papéis do novo "Carnaval" romano, distinguindo-se graças à sua inefável capacidade de dizer tudo – e também o contrário – no espaço de poucas horas, e de protagonizar gafes e *fake news* em série. Como quando declarou que o governo estava imprimindo seis milhões de cartões de salário-cidadão, quando a adoção do benefício não havia sido aprovada nem sequer apresentada ao parlamento. Ou quando, em visita oficial à China, dirige-se ao líder supremo Xi Jinping chamando-o de "Senhor Ping".

O verdadeiro homem forte, coroado pela *Time Magazine* como a nova cara da Europa, é, no entanto, o outro vice-presidente, Matteo Salvini, que, desde que assumiu a função, dá vida ao espetáculo de um ministro do Interior que tuíta diariamente para espalhar o medo e incitar o ódio racial. A partir do início de seu mandato, muitas dezenas de vídeos virais postados por Salvini referem-se a delitos cometidos por negros ou clandestinos, de casos mais graves a acontecimentos os mais triviais. "Hoje, em toda a Itália", ele comenta, por exemplo, durante o verão de 2018, "fiéis muçulmanos celebraram a festa do sacrifício, que prevê o martírio de um animal, degolando-o. Em Nápoles, este cabrito foi salvo no último minuto, mas no resto do país centenas de milhares de bestas foram abatidas sem piedade".

Fica bastante claro que, mesmo ocupando uma função institucional, "o Capitão", como o chamam os partidários, não se importa muito com a veracidade dos fatos que dissemina. Ele não hesita em difundir uma falsa informação sobre os que reivindicam asilo, que teriam organizado uma manifestação em Vicenza para poderem assistir ao canal de televisão a cabo Sky. Uma história que foi desmentida pela prefeitura, ou seja, por um órgão que integra o ministério que o próprio Salvini dirige.

*

Em sua aparição inaugural na cena política, os demais membros do governo são, do primeiro ao último, desconhecidos do público italiano. Mas eles não demoram a se aclimatar. Assim, no dia mesmo em que assume o cargo, o novo ministro da Família declara que "não existem famílias gays". O ministro da Saúde, interpelado sobre o tema das vacinas, responde que, no que depender dele, é pessoalmente favorável, mas nada impede que se sustentem opiniões contrárias. Por sua vez, o ministro da Justiça põe imediatamente na ordem do dia uma das medidas centrais de seu programa: a abolição da prescrição de crimes e contravenções. Ou seja, no país do populismo real, deve ser possível mover um processo contra qualquer pessoa a qualquer momento. Não por acaso, ao pedir o apoio do parlamento a seu governo, Mister Conte, num ato falho flagrante, declara estar pronto para defender a "presunção de culpa".

Dias depois, para completar as fileiras do governo, apresentam-se outros personagens que, por sua vez, parecem ter sido selecionados para uma filmagem de *Monty Python*. Maurizio Santangelo, o novo secretário de Estado, encarregado da articulação no parlamento, é adepto da teoria dos "traços químicos", segundo a qual os aviões de linhas comerciais seriam utilizados por governos para espalhar na atmosfera agentes químicos ou biológicos nocivos à população. Para confirmar essa teoria, ele posta de tempos em tempos, nas redes sociais, fotos de rastros brancos no céu que considera suspeitos, acompanhadas de comentários do tipo "Em que este céu faz você pensar?".

O subsecretário de Estado do Interior, Carlo Sibilia, por sua vez, não é do tipo que se deixa enganar: a ideia segundo a qual os americanos desembarcaram na Lua ainda não o convence. "Hoje, festeja-se o aniversário da chegada à Lua", tuitou Sibilia. "Será possível que ninguém tenha a coragem de dizer que foi tudo uma grande farsa?"

O mais afiado em matéria de teorias da conspiração, porém, é, sem dúvida, o secretário de Relações Exteriores com a Europa, Luciano Barra Caracciolo. No seu blog Orizzonte48, ele ataca o euro, compara a União Europeia à Alemanha nazista e lança teses conspiratórias como a Hazard Circular, pregando que forças financeiras obscuras teriam abolido a escravidão em troca de uma forma de opressão sutil fundada sobre o controle da moeda.

Só o Carnaval político romano consegue ir ainda mais longe em sua loucura do que a fantasia de Barra Caracciolo. De fato, a cena política de Roma viu a maioria de seus personagens mudar de máscara durante o verão de 2019, passando de um governo soberanista antieuropeu, guiado por Mister Conte, a um governo progressista pró-europeu, também dirigido pelo inefável jardineiro Conte, acompanhado de seu cortejo de polichinelos – entre os quais o líder do Movimento 5 Estrelas, Luigi Di Maio, promovido a ministro das Relações Exteriores graças, principalmente, às suas excelentes relações com o "senhor Ping".

Mas se a Itália se destaca, como de hábito, nesse quesito, a volta por cima do Carnaval vai bem além da península. Onde quer que seja, na Europa ou em outros continentes, o crescimento dos populismos tomou a forma de uma dança frenética que atropela e vira ao avesso todas as regras estabelecidas. Os defeitos e vícios dos líderes populistas se transformam, aos olhos dos eleitores, em qualidades.

Sua inexperiência é a prova de que eles não pertencem ao círculo corrompido das elites. E sua incompetência é vista como garantia de autenticidade. As tensões que eles produzem em nível internacional ilustram sua independência, e as *fake news* que balizam sua propaganda são a marca de sua liberdade de espírito.

No mundo de Donald Trump, de Boris Johnson e de Jair Bolsonaro, cada novo dia nasce com uma gafe, uma polêmica, a eclosão de um escândalo. Mal se está comentando um evento, e esse já é eclipsado por um outro, numa espiral infinita que catalisa a atenção e satura a cena midiática. Diante desse espetáculo, é grande a tentação, para muitos observadores, de levar as mãos aos céus e dar razão ao bardo: "O tempo está fora do eixo!".[4] No entanto, por trás das aparências extremadas do Carnaval populista, esconde-se o trabalho feroz de dezenas de *spin doctors*,[5] ideólogos e, cada vez mais, cientistas especializados em Big Data,[6] sem os quais os líderes do novo populismo jamais teriam chegado ao poder.

Este livro conta a história deles.

---

[4] Fala de *Hamlet* (IV), de William Shakespeare, também traduzida como "o mundo está fora do eixo". [N.T.]

[5] Consultores políticos que se ocupam, diante de determinada situação de impasse, crise ou estagnação, em identificar a direção capaz de mudar a tendência a favor de um candidato ou campanha. [N.T.]

[6] Área do conhecimento que se dedica a lidar com quantidade de dados tão extensa que é impossível analisá-los pelos sistemas tradicionais. Presente também na ciência e em diversos campos, tem sido amplamente utilizada para potencializar e monetizar dados de usuários das redes sociais. [N.T.]

*

É a história de um especialista em marketing italiano que, no início dos anos 2000, compreende que a internet irá revolucionar a política, mesmo sabendo que não é chegada ainda a hora de formar um partido puramente digital. Assim, Gianroberto Casaleggio contratará um comediante, Beppe Grillo, para o papel de primeiro avatar de carne e osso de um partido-algoritmo. É o Movimento 5 Estrelas, inteiramente fundado na coleta de dados de eleitores sobre a satisfação de suas demandas, independentemente de qualquer base ideológica. Mais ou menos como se, em vez de ser recrutada por Donald Trump, uma empresa de Big Data como a Cambridge Analytica tivesse tomado o poder diretamente e escolhesse seu próprio candidato.

É a história de Dominic Cummings, diretor da campanha do Brexit, que afirma: "Se você quer fazer progressos em política, não contrate experts ou comunicadores. É melhor utilizar os físicos". Graças ao trabalho de uma equipe de cientistas de dados, Cummings pôde atingir milhões de eleitores indecisos, de cuja existência os adversários sequer supunham, e dirigir a eles exatamente as mensagens que precisavam receber, no momento certo, a fim de fazê-los pender a balança para o lado do Brexit.

É a história de Steve Bannon, o homem-orquestra do populismo americano, que, depois de conduzir Donald Trump à vitória, sonha, hoje, fundar uma Internacional Populista para combater aquilo que ele chama de "o partido de Davos das elites globais".

É a história de Milo Yiannopoulos, o blogueiro inglês graças ao qual a transgressão mudou de campo. Se, nos anos

1960, os gestos de provocação dos manifestantes visavam sobretudo atingir a moral comum e quebrar os tabus de uma sociedade conservadora, hoje os nacional-populistas adotam um estilo transgressor em sentido oposto: quebrar os códigos das esquerdas e do politicamente correto tornou-se a regra número 1 de sua comunicação.

É a história de Arthur Finkelstein, um judeu homossexual de Nova York que se tornou o mais eficaz conselheiro de Viktor Orban, o porta-estandarte da Europa reacionária, engajado num combate impiedoso em defesa dos valores tradicionais na Hungria.

Juntos, esses engenheiros do caos estão em vias de reinventar uma propaganda adaptada à era dos *selfies* e das redes sociais, e, como consequência, transformar a própria natureza do jogo democrático. Sua ação é a tradução política do Facebook e do Google. É naturalmente populista, pois, como as redes sociais, não suporta nenhum tipo de intermediação e situa todo mundo no mesmo plano, com um só parâmetro de avaliação: os *likes*, ou curtidas. É uma ação indiferente aos conteúdos porque, como as redes sociais, só tem um objetivo: aquilo que os pequenos gênios do Vale do Silício chamam de "engajamento" e que, em política, significa adesão imediata.

Se o algoritmo das redes sociais é programado para oferecer ao usuário qualquer conteúdo capaz de atraí-lo com maior frequência e por mais tempo à plataforma, o algoritmo dos engenheiros do caos os força a sustentar não importa que posição, razoável ou absurda, realista ou intergaláctica, desde que ela intercepte as aspirações e os medos – principalmente os medos – dos eleitores.

Para os novos Doutores Fantásticos da política, o jogo não consiste mais em unir as pessoas em torno de um denominador comum, mas, ao contrário, em inflamar as paixões do maior número possível de grupelhos para, em seguida, adicioná-los, mesmo à revelia. Para conquistar uma maioria, eles não vão convergir para o centro, e sim unir-se aos extremos. Cultivando a cólera de cada um sem se preocupar com a coerência do coletivo, o algoritmo dos engenheiros do caos dilui as antigas barreiras ideológicas e rearticula o conflito político tendo como base uma simples oposição entre "o povo" e "as elites". No caso do Brexit, assim como nos casos de Trump e da Itália, o sucesso dos nacional-populistas se mede pela capacidade de fazer explodir a cisão esquerda/direita para captar os votos de todos os revoltados e furiosos, e não apenas dos fascistas.

Naturalmente, como as redes sociais, a nova propaganda se alimenta sobretudo de emoções negativas, pois são essas que garantem a maior participação, daí o sucesso das *fake news* e das teorias da conspiração. Mas tal tipo de comunicação possui também um lado festivo e libertário, comumente desconhecido daqueles que enfatizam unicamente a faceta sombria do Carnaval populista. O escárnio vem sendo, desde então, a ferramenta mais eficiente para dissolver as hierarquias. Durante o Carnaval, um bom e libertador ataque de riso é capaz de enterrar a ostentação do poder, suas regras e suas pretensões. Nada mais devastador para a autoridade que o impertinente, que a transforma em objeto de ridículo.

Diante da seriedade programática do poder, do tédio arrogante que emana de cada um de seus gestos, o bufão transgressor *à la* Trump, ou a explosão contestatória dos *Gilets Jaunes* – os Coletes Amarelos franceses – funcionam como uma boa chicotada no lombo para liberar as energias. Os tabus, a hipocrisia e as convenções da língua desmoronam em meio às aclamações da multidão em delírio.

Durante o Carnaval, não há lugar para o espectador. Todos participam juntos da celebração desvairada do mundo ao avesso, e nenhum insulto ou piada é vulgar se contribui para a demolição da ordem dominante e sua substituição por alguma dimensão de liberdade e fraternidade. O Carnaval produz, naquele que dele participa, uma intensa sensação de plenitude e de renascimento – o sentimento de pertencer a um corpo coletivo que se renova. De espectador, cada um se torna ator, sem nenhuma distinção baseada em grau de instrução. A opinião do primeiro que passa vale tanto quanto, ou talvez mais, que a do expert. Enquanto isso, a máscara coletiva se mudou para a internet, em que o anonimato tem o mesmo efeito de desinibição que, tempos atrás, nascia no momento de se vestir uma fantasia. Os *trolls* são, assim, os novos polichinelos, que jogam gasolina no fogo libertador do Carnaval populista.

Nesse clima, não há nada mais inconveniente que interpretar o papel do espírito de porco. O *fact-checker*[7] que demonstra o erro com caneta de marcador vermelha,

---

[7] "Checador de fatos". O *fact-checking* é uma das tendências mais profusas das mídias tradicionais de hoje, cuja atividade é ameaçada pelas ondas de *fake news*. [N.T.]

o liberal[8] com a sobrancelha elevada de indignação contra a vulgaridade dos novos bárbaros. "É por isso que a esquerda é tão infeliz", diz Milo Yiannopoulos, "ela não tem a menor tendência à comédia e à celebração". Aos olhos do populista em estado festivo, o progressista é um pedante com o dedo mindinho empinado. Seu pragmatismo virou sinônimo de fatalismo, enquanto os reis do Carnaval prometem dinamitar a realidade existente.

A vida não é feita de direitos e deveres, de números a serem respeitados e de formulários a preencher. O novo Carnaval não se afina com o senso comum – ele tem sua própria lógica, mais próxima daquela de um teatro do que de uma sala de aula, mais ávida de corpos e imagens que de textos e ideias, mais concentrada na intensidade da narrativa que na exatidão dos fatos. Uma razão com certeza muito distante das abstrações cartesianas – mas não desprovida de uma coerência inesperada, em especial no que se refere à sua maneira sistemática de revirar as normas consolidadas para afirmar outras, de sinal contrário.

Por trás do aparente absurdo das *fake news* e das teorias da conspiração, oculta-se uma lógica bastante sólida. Do ponto de vista dos líderes populistas, as verdades alternativas não são um simples instrumento de propaganda. Contrariamente às informações verdadeiras, elas constituem um formidável vetor de coesão. "Por vários ângulos, o absurdo

---

[8] Aqui e nas demais menções neste livro, utilizado na acepção anglófona política do termo, no sentido de *progressista*, e não no âmbito do liberalismo econômico, como é mais corrente no Brasil. [N.T.]

é uma ferramenta organizacional mais eficaz que a verdade", escreveu o blogueiro da direita alternativa americana Mencius Moldbug. "Qualquer um pode crer na verdade, enquanto acreditar no absurdo é uma real demonstração de lealdade – e que possui um uniforme, e um exército." Assim, o líder de um movimento que agregue as *fake news* à construção de sua própria visão de mundo se destaca da manada dos comuns. Não é um burocrata pragmático e fatalista como os outros, mas um homem de ação, que constrói sua própria realidade para responder aos anseios de seus discípulos. Na Europa, como no resto do mundo, as mentiras têm a dianteira, pois são inseridas numa narrativa política que capta os temores e as aspirações de uma massa crescente do eleitorado, enquanto os fatos dos que as combatem inserem-se em um discurso que não é mais tido como crível. Na prática, para os adeptos dos populistas, a verdade dos fatos, tomados um a um, não conta. O que é verdadeiro é a mensagem no seu conjunto, que corresponde a seus sentimentos e suas sensações.

Diante disso, é inútil acumular dados e correções, se a visão do conjunto dos governantes e dos partidos tradicionais continua a ser percebida por um número crescente de eleitores como pouco pertinentes em relação à realidade.

Para combater a grande onda populista é preciso, primeiro, compreendê-la e não se limitar a condená-la ou liquidá-la como uma nova "Idade da desrazão", como faz George Osborne, o último chanceler do tesouro de David Cameron, no título de seu livro mais recente. O Carnaval contemporâneo se alimenta de dois ingredientes que nada têm de irracional: a cólera de alguns meios populares, que se fundamenta sobre causas sociais e econômicas reais; e uma máquina de comunicação superpotente, concebida em sua origem para fins comerciais, transformada em instrumento privilegiado de todos aqueles que têm por meta multiplicar o caos.

Se escolhi, para este livro, me concentrar no segundo aspecto, não é de modo algum para negar a importância das fontes reais da revolta. As ações dos engenheiros do caos não explicam tudo, longe disso. O que torna tais personagens interessantes, mais que o fato de terem sabido captar antes dos outros os sinais da mudança em curso, é a forma pela qual se aproveitaram disso para avançar da margem para o centro do sistema. Para o bem e, sobretudo, para o mal, suas intuições, suas contradições e suas idiossincrasias são aquelas que marcam o nosso tempo.

1
O VALE DO SILÍCIO DO POPULISMO

OS AMERICANOS TÊM SEMPRE um ar inofensivo. Principalmente quando estão imersos no calor cínico e indolente de uma cidade como Roma. Isso deve, com certeza, estar ligado à expressão de seus rostos, ou talvez à maneira como se vestem. O americano sentado à minha frente não é uma exceção à regra. Aliás, ainda nem tive tempo de me sentar no sofá da suíte de seu hotel e ele já está me oferecendo um *muffin*. No entanto, seria, pelo que dizem por aí, o diabo em pessoa. Ou o "Grande Manipulador", segundo a *Time Magazine*. O "personagem político mais perigoso dos Estados Unidos", em citação da *Bloomberg News*. E tudo isso antes mesmo de ter contribuído decisivamente para a eleição de Donald Trump à Casa Branca, em 8 de novembro de 2016.

Os amigos de Steve Bannon dizem que se você ouve alguma explosão, não importa onde, significa que ele deve estar na área, brincando com uma caixa de fósforos. É por isso que, já há algum tempo, Bannon vem com frequência a Roma – pelo menos uma vez por mês. Na Cidade Eterna, todos sabem, o risco de terminar como o marciano do conto de Ennio Flaiano[9] não é remoto: você desembarca pela primeira vez e é recebido como um santo, o mundo para e as pessoas o carregam em triunfo. Mas, passados alguns instantes, os romanos se habituam à sua presença, do mesmo modo como acabaram se habituando a tudo, e a qualquer coisa, nos últimos dez mil anos. No final, você é interpelado por crianças nas ruas: "Ei, marciano!...".

Mas, por enquanto, Bannon ainda está em estado de graça. Ele dá entrevistas, participa de encontros, troca ideias intermináveis com Matteo Salvini e Luigi Di Maio, por quem manifesta uma admiração sem limites. Nos intervalos dos compromissos, faz as refeições no Hôtel de Russie. No fundo, esse endereço lendário, onde dormiram princesas e conselheiros do Czar, é perfeito para ele. Não por motivos relacionados aos tempos atuais, em que reinam os oligarcas e o sistema de manipulação eleitoral. Mas sobretudo porque Bannon é, de certo modo, o Trotsky da revolução populista, misto de ideólogo e homem de ação que ambiciona, com seu "Movimento", levar as massas europeias à revolta contra o que ele chama de "o partido de Davos". Se lhe perguntamos qual é seu papel nesse movimento, Bannon faz beicinho: "Sou só um estudante global do movimento populista. Estou aqui para aprender". Mas a resposta oculta e verdadeira é mais audaciosa.

---

[9] "Um marciano em Roma" (1960), conto de Ennio Flaiano (1910-1972), escritor, crítico e dramaturgo italiano que escreveu os roteiros de nove filmes de Federico Fellini. [N.T.]

Sempre vestido com camisas de botão superpostas, Steve Bannon é um produto da classe trabalhadora americana que, graças a seu talento e sua avidez, passou por todos os locais simbólicos do poder americano – o exército, Virginia Tech, Georgetown, Harvard Business School, Goldman Sachs, Hollywood e, enfim, Washington – sem jamais abrir mão de sua raiva original. Ao contrário, Bannon acumulou, por onde passasse, munição nova para incendiar e sangrar o mundo dessas elites que ele considera como uma casta blindada formada pelos traidores do povo.

Seguindo os passos de seu mestre Andrew Breitbart, fundador do site homônimo de contrainformação, Bannon foi um dos primeiros entre os novos populistas a entender que *"politics is downstream from culture"* – "a política deriva da cultura". Desde o começo, ele luta para arrancar da *intelligentsia* liberal o espectro de hegemonia cultural. Assim, em Hollywood, dedica-se à produção de documentários *superkitsch*, recheados de citações filosóficas e melodias wagnerianas. Esses filmes versam sobre o espírito americano, o choque de civilizações e a alternância de gerações que, assim, modelam a História e determinam o curso dos acontecimentos. Pelo mesmo motivo, a morte de seu fundador transformou o *Breitbart News* em ponto de convergência para a direita alternativa americana – uma tropa heterogênea de nacionalistas, conspiracionistas, militaristas ou, simplesmente, indivíduos raivosos – todos decididos a impor um ponto de vista diferente sobre as principais questões no centro do debate: a imigração, o livre-comércio, o papel das minorias e os direitos civis. Abrindo uma redação no Texas para seguir de perto o fenômeno da imigração clandestina, Bannon financiou *think tanks*, grupos de pesquisa destinados a estudar os malefícios do *establishment* em geral e da família Clinton em particular. Mobilizou blogueiros e *trolls* para dominar o debate nas redes sociais, participando do lançamento de uma sociedade de Big Data aplicada à política – a Cambridge Analytica, que mais adiante estará no centro de um escândalo global. Assim Bannon converteu-se em "banda de um homem só" do populismo americano. Portanto, quando o furacão Trump devastou as primárias republicanas em 2016, ele estava lá, a poucos passos de virar o inspirador oculto, depois o estrategista oficial, da campanha mais transgressora da história política dos Estados Unidos.

Claro, após as eleições, Steve perdeu um pouco a cabeça. Instalado no gabinete do conselheiro político do presidente, não resistiu à tentação de exibir-se à luz dos holofotes. É sempre uma péssima jogada, para um estrategista, sair revelando suas próprias ideias aos principais jornais em vez de sussurrá-las nos ouvidos do príncipe, ainda mais quando se trabalha para o símbolo vivo da Era do Narcisismo. Não à toa, ao fim de um ano Bannon foi expulso da Casa Branca, enquanto o chefe do mundo livre tuitava este tipo de mensagem: "Steve, o babão, chorou e me suplicou por seu emprego quando eu o demiti. Desde então, praticamente todo mundo o abandonou como um cão. Que pena!" (*Tweet* presidencial de 6/1/2018).

Mas, entre os frequentadores do circuito dos populistas soberanistas, poucos têm o cérebro, a experiência e as relações de Bannon. Assim, no espaço de alguns meses, uma perspectiva ainda mais ambiciosa se apresentou: "O que eu quero", declarou em março ao correspondente romano do *New York Times*, "é construir uma infraestrutura global para o movimento populista mundial. Eu entendi isso quando Marine Le Pen me convidou para o congresso de seu partido em Lille. 'O que você quer que eu diga?', perguntei a ela. 'Diga que nós não estamos sozinhos', ela respondeu". Naquele momento, Bannon compreendeu que há espaço para os oximoros: a Internacional dos Nacionalistas, plataforma criada para compartilhar as experiências, as ideias e os recursos de diferentes movimentos ativos na Europa e na América. "Nós estamos do lado certo da História. Até George Soros disse, tempos atrás, que vivemos tempos revolucionários..."

Soros, o bilionário húngaro que financiou movimentos democratas no mundo inteiro com sua Open Society, é, ao mesmo tempo, a besta do Apocalipse e o sonho proibido dos novos populistas globais. "Ele é brilhante", admite Bannon. "Maléfico mas brilhante." Seu amigo Orban o declarou fora da lei na Hungria, mas Bannon queria criar uma fundação inspirada no modelo de Soros, com o mesmo impacto, mas a serviço de uma agenda completamente diferente: fechar as fronteiras, interromper o processo de globalização e de integração europeia e voltar aos estados-nações de outrora.

"As ideias mais revolucionárias de nosso tempo começam sempre com a frase 'Era uma vez'", ensina o politólogo Mark Lilla. E, de acordo com Bannon, o epicentro dessa revolução é, hoje, a Itália.

Por isso ele está aqui, sentado à minha frente na suíte do Hôtel de Russie, enquanto, em seu entorno, agita-se sua guarda real – o ex-braço direito de Nigel Farage,[10] Raheem Kassam, fundador do Instituto Dignitatis Humanae Benjamin Harnwell, o sobrinho em trajes esportivos, Sean Bannon, e um curioso ariano que parece ser fruto de uma experiência eugenista sueca dos anos 1930. Todos ocupados, como uns desvairados, em produzir um clima saturado de testosterona que caracteriza os QGs de todas as revoluções, em particular as nacionais-populistas.

"Roma é, de novo, o centro do universo político", prossegue Bannon. "Aqui se produz um evento único. Aqui, os populistas de direita, e os de esquerda, aceitaram deixar de lado suas diferenças e se uniram para devolver aos italianos o poder usurpado pelo partido de Davos. É como se Bernie Sanders e Donald Trump entrassem num acordo. Nos Estados Unidos nós não conseguimos, mas vocês, vocês realizaram isso. O que está em jogo na Itália é a própria natureza da soberania: do resultado dessa experiência depende o destino da revolta dos povos que querem recuperar o poder das mãos das elites globais que o roubaram. Se dá certo na Itália, pode dar certo em qualquer lugar. É por isso que vocês representam o futuro da política mundial."

O discurso de Bannon é lisonjeiro, mas na realidade não é a primeira vez que um observador anglo-saxônico enxerga as invenções políticas da península como um modelo a seguir. "Seu movimento prestou um grande serviço ao mundo", proclamava Winston Churchill, dirigindo-se

---

[10] Político britânico conservador e eurocético, um dos estrategistas do Brexit. [N.T.]

aos fascistas italianos no fim dos anos 1920. "A Itália demonstrou que existe uma maneira de combater as forças subversivas. Essa maneira consiste em chamar as massas a cooperar para defender a honra e a estabilidade da sociedade civilizada. Ela produziu o antídoto necessário contra o veneno soviético. A partir de agora, nenhuma nação estará desprovida dos meios para se proteger desse câncer, e cada líder responsável em cada país sente que seus pés estão plantados mais firmemente na resistência face às doutrinas do nivelamento e do cinismo."

No decorrer de todo o século XX, a Itália foi o laboratório onde foram conduzidas experiências políticas vertiginosas, frequentemente destinadas a serem reproduzidas, sob diversos formatos, em outras partes do mundo. O fascismo foi a primeira e a que trouxe consequências mais pesadas, mas após a queda do movimento, a Itália também deu à luz o maior partido comunista da Europa Ocidental, tornando-se, assim, o teatro privilegiado de todas as manobras e tensões da Guerra Fria. E quando o Muro de Berlim caiu, a península se transformou no Vale do Silício do populismo, antecipando em mais de vinte anos a grande revolta contra o *establishment* que hoje agita como um todo o hemisfério Norte.

Se Heinrich Mann dizia que Napoleão era uma bala de canhão lançada pela Revolução Francesa, seria possível dizer, guardadas as proporções, que Grillo e Salvini são as balas de canhão lançadas por Tangentopoli – a revolução judiciária que decapitou a classe política italiana no início dos anos 1990, inaugurando a interminável era da rejeição às elites e da fuga da política. Entre 1992 e

1994, a classe política do país foi eliminada: metade dos membros do parlamento que pertenciam a partidos do governo foi posta sob investigações, alguns líderes foram presos, outros fugiram para o exterior. Os dois partidos que governavam a república desde sempre, a Democracia Cristã e o Partido Socialista, desapareceram no espaço de algumas semanas. A operação "Mãos Limpas" já representava, em sua essência, uma abordagem populista: os pequenos juízes contra as elites corruptas. "Quando as pessoas aplaudem, elas aplaudem a si mesmas", declarava à época o procurador geral de Milão, Francesco Saverio Borrelli. E não é por acaso que diferentes magistrados que protagonizavam as devassas anticorrupção tenham em seguida entrado na política, fundando partidos, fazendo-se eleger no parlamento e tornando-se ministros ou prefeitos de grandes cidades.

A partir desse momento, bastou aos italianos sair em busca de elites alternativas para governar o país no lugar dos políticos profissionais, desacreditados, corruptos e incompetentes. Foi a esquerda que começou, sustentando com vigor as ações dos magistrados da operação "Mãos Limpas", para, em seguida, dar vida, na primavera de 1993, ao primeiro governo "técnico" da história republicana: um Executivo presidido pelo ex-governante do Banco da Itália, Carlo Azeglio Ciampi, e composto exclusivamente de ministros não políticos, pinçados das fileiras do mundo acadêmico e da administração pública. Durante esse período, começou a florescer, entre os progressistas, o mito de uma "sociedade civil" virtuosa e não corrompida da qual teria emergido a nova classe dirigente do país. Mas, imediatamente depois, Berlusconi chegou para explicar que o poder devia ser gerido pelos empresários e os *managers*, ou gestores, verdadeiros produtores da riqueza do país, contrariamente a uma classe política formada por inúteis. Com ele, chegaram ao governo os regionalistas da Liga e os ex-fascistas da Aliança Nacional, um bloco heterogêneo unido pela rejeição à "*Roma ladrona*" – "Roma ladra".

Nos anos que se seguiram, o *Cavaliere*, como era chamado Berlusconi, continuou a dominar a política italiana quase até o fim de 2011, quando foi obrigado a renunciar por causa de escândalos ligados à sua vida pessoal. A partir de então, sucederam-se a tentativa de Mario Monti de instaurar um "governo de competentes" e a empreitada da centro-esquerda para recuperar o fôlego da política tradicional com a liderança inovadora de Matteo Renzi.

As eleições de 4 de março de 2018, que levaram ao triunfo o Movimento 5 Estrelas e a Liga, marcaram a falência definitiva desses esforços, dando lugar à transformação da Itália em terra prometida do populismo real. Realizou-se também, pela primeira vez num grande país ocidental, a convergência entre populismo de direita e de esquerda que tanto inflamou a imaginação – e a ambição – de Steve Bannon. Para ele, o que se está vivendo nada mais é que um choque de civilizações.

"Se há algo que eu admiro em Merkel e Macron", diz Bannon, "é que eles não escondem seus programas. É importante que as pessoas compreendam: não há nenhum complô! Tudo é dito abertamente à luz do dia. Há um ano,

Macron fez um discurso no qual apresentou, de forma detalhada e coerente, as consequências lógicas do projeto europeu, a partir da visão de Jean Monnet.[11] É um projeto que prevê uma integração comercial suplementar e uma integração de mercados de capital suplementar. Na prática, são os Estados Unidos da Europa, onde a Itália faz o papel de Carolina do Sul, enquanto a França é a Carolina do Norte, Ok? Então, se você crê nesse projeto, se ele agrada você, isso quer dizer que você acredita no projeto de Macron. Salvini, Orban, Marine Le Pen e as outras vozes do movimento populista, por sua vez, dizem 'não'. A oposição reside, aqui, entre aqueles que, na Europa, pensam que os estados nacionais são um obstáculo a superar e outros que consideram que os estados nacionais são uma joia a ser preservada."

Desde nosso encontro, o projeto de Steve Bannon sofreu várias derrotas: a maioria dos partidos que deveriam estar sob o comando da organização do ideólogo americano faltaram com suas promessas. O estado italiano chegou mesmo a expulsá-lo do mosteiro do século XIII que Bannon tinha a intenção de transformar em uma escola de formação para seus "gladiadores do povo". Mas sua ideia paradoxal de uma Internacional Nacionalista não parou de progredir mundo afora. A ponto de, como notou a cientista política espanhola Astrid Barrio-Lopez, a única verdadeira campanha comum para as eleições europeias de maio de

---

[11] Político francês (1888-1979) de tendência internacionalista, considerado um dos principais arquitetos do pensamento de unificação europeia. [N.T.]

2019 ter sido conduzida pelos partidos antieuropeístas, que se reuniram no átrio do Duomo, em Milão.

As trocas e colaborações entre nacionalistas se multiplicam em todos os níveis. Graças ao apoio financeiro da Secure America Now Foundation, a agência de comunicação digital Harris Media pôde criar vídeos antimuçulmanos e contra a imigração que atingiram uma dimensão viral dos dois lados do Atlântico. Essa mesma agência teve um papel determinante na propaganda da AFD na Alemanha, difundindo na rede campanhas publicitárias dirigidas a diferentes públicos: mensagens sobre a segurança para as mães de família; mensagens sobre o desemprego para os operários, e assim por diante. Na Espanha, o poder crescente do partido de extrema-direita Vox contou com a ajuda de uma cadeia internacional de doadores que vai dos bilionários ultraconservadores americanos aos oligarcas russos, passando pela princesa Von Thurn und Taxis, todos reunidos no seio da fundação madrilenha Citizen Go, organização que ganhou visibilidade com cartazes afixados em ônibus que circulavam por todas as cidades espanholas mostrando Adolf Hitler maquiado com batom e acompanhado da hashtag *#feminazis*.

Se, no passado, os movimentos nacionalistas europeus eram divididos por suas origens e seus programas, que os punham automaticamente em conflito uns com os outros, hoje os pontos em comum tendem cada vez mais a ganhar a dianteira. Basta pensar na questão do Tirol do Sul, anexado à Itália, que por muito tempo dividiu os nacionalistas italianos e austríacos. Nos dias atuais, como escreve Anne Applebaum, "a aversão aos casamentos gays e aos motoristas de táxi africanos é um sentimento que mesmo os austríacos e os italianos, que vivem em desacordo sobre a localização de sua fronteira, podem partilhar". Quando era ministro do Interior, Matteo Salvini, a propósito, inspirou-se em grande medida no seu homólogo austríaco, o ideólogo ultranacionalista Herbert Kickl, que propagava as injúrias anti-imigração e anti-islã utilizando a máquina do Estado e, em especial, a polícia, para reforçar sua propaganda identitária.

A internacional dos nacionalistas se desenvolve bem além das fronteiras da velha Europa. Em primeiro de janeiro de 2019, em Brasília, a cerimônia de posse do novo presidente Jair Bolsonaro foi celebrada com entusiasmo por seus dois principais aliados ideológicos na Europa e no Oriente Médio, o primeiro-ministro húngaro Viktor Orban e o israelense Benjamin Netanyahu, que estiveram presentes à capital brasileira. Mesmo ausente, Donald Trump fez questão de participar da festa expressando sua alegria no Twitter: "Os Estados Unidos estão com você!". Resposta de Bolsonaro: "Juntos, sob a proteção de Deus, nós traremos prosperidade e progresso a nossos povos!". Alguns dias depois, por ocasião da primeira visita oficial de Bolsonaro à Casa Branca, Steve Bannon organizou a projeção de um documentário sobre o ideólogo do presidente brasileiro, o filósofo/astrólogo Olavo de Carvalho, com quem ele partilha várias ideias e a quem considera, em suas próprias palavras, "um pensador seminal". O terceiro filho de Bolsonaro, Eduardo, encarregado das relações internacionais de seu pai, compareceu à projeção – que ocorreu, evidentemente, no hotel Trump Internacional – exibindo um boné com as palavras *Make Brazil Great Again*".

Bem longe de se resumir ao aspecto anedótico, essa colaboração tem consequências consideráveis no plano geopolítico, e já modificou os contornos do ciberespaço, pelo desenvolvimento de uma cadeia global de pessoas capazes de conduzir operações de desinformação de um canto a outro do planeta. Além do mais, gera relações e trocas de experiências que permitem aos nacional-populistas replicar, por diversos países, os modelos de campanhas mais eficazes.

Nesse contexto, a Itália continua no papel de laboratório mais avançado da inovação política, um Vale do Silício do populismo para onde os engenheiros do caos – e não apenas Bannon – afluem em peregrinações destinadas a detectar as últimas invenções dos netos de Maquiavel. O *Guardian* contou, numa longa reportagem, a maneira pela qual Nigel Farage e Arron Banks conseguiram criar, em apenas dois meses, um partido político, o Brexit Party, que ganhou as eleições europeias de 2019 com 32% dos votos na Grã-Bretanha, adotando o modelo do Movimento 5 Estrelas italiano. "O Brexit Party é a cópia fiel do M5E", diz Banks. "O que o 5 Estrelas fez, e que nós estamos fazendo como Brexit Party, é ter uma estrutura central hipercontrolada, quase uma ditadura ao centro, o que impede os lunáticos de tomarem as rédeas". Antes de Banks, Nigel Farage já se havia explicado numa entrevista, em 2015: "Se eu fosse criar o UKIP (UK Independence Party) hoje, será que passaria 20 anos organizando reuniões nas cidades, ou fundaria um partido sob o modelo Grillo? Sei exatamente o que eu faria".

O exemplo de Banks e Farage é importante porque ilustra o ponto essencial do caso italiano, ignorado no âmbito dos alarmes sobre a ascensão da direita e o retorno do fascismo que se espalharam nos últimos tempos. O que está em jogo na Itália não é a reedição dos anos 1920 ou 1930 do século passado, mas a emergência de uma nova forma política moldada pela internet e pelas novas tecnologias.

Desse ponto de vista, se Matteo Salvini representa sem dúvida a personalidade mais marcante da temporada política atual, o fenômeno mais intrigante é, na verdade, o do Movimento 5 Estrelas. Foi esse último que fez Salvini entrar no jogo, ao permitir que uma força extremista minoritária como a Liga chegasse ao governo com 17% dos votos, aumentando seu apoio e instaurando, assim, uma verdadeira hegemonia cultural no país.

E é esse mesmo Movimento que, depois, o privou do poder ao aliar-se à esquerda na base de um programa pró-europeu, completamente oposto àquele sobre o qual se baseava sua aliança com a Liga.

Partidos xenófobos de direita existem mais ou menos em toda a Europa, com taxas de adesão similares ou até superiores às da Liga antes da primavera de 2018. Mas eles não atingem a maioria, e em geral não encontram aliados dispostos a governar a seu lado. A verdadeira especificidade italiana é o algoritmo pós-ideológico do Movimento 5 Estrelas, que colheu um terço dos votos dos italianos nas eleições graças a uma plataforma sem nenhum conteúdo político e, portanto, pronta a ser utilizada por qualquer um para chegar ao poder – seja Salvini ou seus adversários pró-europeus do Partido Democrata.

O que faz da Itália, mais uma vez, o Vale do Silício do populismo é que lá, pela primeira vez, o poder foi conquistado por uma forma nova de tecnopopulismo pós-ideológico, fundado não em ideias, mas em algoritmos disponibilizados pelos engenheiros do caos. Não se trata, como em outros países, de homens políticos que empregam técnicos, mas de técnicos que tomam diretamente as rédeas do movimento, fundam partidos e escolhem os candidatos mais aptos a encarnar sua visão, até assumir o controle do governo de toda a nação.

Essa história é pouco conhecida fora da Itália, mas merece ser contada para que se possa começar a delimitar as fronteiras da *terra incognita* na qual nossas democracias começaram a afundar.

2

A NETFLIX DA POLÍTICA

LIVORNO É UMA CIDADE importante na história política italiana. Foi ali que aconteceu, em 1921, a cisão que fez nascer o Partido Comunista Italiano. É ali, também, que oitenta anos depois os fundadores do Movimento 5 Estrelas se reuniram pela primeira vez: "Eu o encontrei [...] numa noite de abril", escreve Beppe Grillo sobre Gianroberto Casaleggio, "durante meu espetáculo 'Black Out'. Ele veio ao meu camarim e começou a me falar sobre internet. De como a internet podia mudar o mundo. Por não o conhecer, eu aquiesci e sorri. Tentei não contrariá-lo. Não queria correr o risco de ser ameaçado por uma @ ou um .com. Ele estava bem seguro do que dizia. Imaginei que fosse um gênio do mal ou algum tipo de São Francisco de Assis que falava de internet em vez de dissertar sobre lobos e pássaros".

Nessa cena inaugural – o encontro da besta, poderosa, mas sem saber como dar vazão à sua raiva, com o *nerd* frio, visionário, mas um pouco perdido no mundo real –, já se encontra toda a mitologia do que estava destinado a se tornar o Movimento 5 Estrelas. O espetáculo, o escárnio, a cultura da internet e a revolução.

De um lado, Beppe Grillo, o comediante irresistível que saiu das salas de espetáculo *underground* de Gênova para chegar aos cumes da popularidade televisiva, capaz de lotar teatros em todo o país com *stand-ups* cheios de paradoxos, provocações e insultos, usando seu físico imponente e sua voz feroz digna das pregações do padre Savonarola.[12]

De outro lado, Gianroberto Casaleggio, preciso, silencioso, concentrado. Um gestor de 50 anos, especialista em marketing digital, que se apresenta como uma espécie de John Lennon pós-moderno, com longos cabelos emoldurando uma fisionomia austera sustentada por um par de óculos redondos. A perfeita síntese da estética hippie e do *approach geek*[13] de onde nasceu a cibercultura californiana. Depois de 30 anos atuando na Olivetti – por muito tempo o emblema de empresa de informática na Itália –, ele acaba de deixar o grupo para fundar a própria empresa, Casaleggio Associati.

Mas Casaleggio não é um simples empresário. É um visionário, um autodidata, que forjou para si uma concepção da realidade que une São Francisco de Assis com Isaac Asimov e os pioneiros da ficção científica. Ele não pretende, de forma alguma, ser movido por qualquer paixão política. "A política não me interessa", garante. "O que me interessa é a opinião pública."

---

[12] Pregador florentino (1452-1498) conhecido por suas profecias e seu espírito reformador. [N.T.]

[13] *Geek* é um anglicismo e uma gíria inglesa usada para designar indivíduos que, entre outras características, consomem intensamente cultura pop e dominam o uso das tecnologias digitais. [N.E.]

Em sua posição de expert em marketing digital, Casaleggio entendeu que a internet iria revolucionar a política, tornando possível o surgimento de um movimento novíssimo, guiado pelas preferências dos eleitores-consumidores. Ele pretende, então, lançar um produto capaz de responder de maneira eficaz a uma demanda política que os partidos existentes não são capazes de satisfazer. Mas sabe, também, que a dimensão digital, sozinha, ainda é fria e distante demais para dar vida a um verdadeiro movimento de massa na Itália.

É por isso que precisa de Beppe Grillo: para dotar de calor e paixão um movimento que corria o risco de, sem esses ingredientes, continuar confinado aos *geeks* italianos. A força e a resiliência do futuro Movimento 5 Estrelas virão desta combinação inédita: o populismo tradicional que se casa com o algoritmo e dá à luz uma temível máquina política.

Por ora, depois de conseguir o OK do comediante, Casaleggio se contenta em lançar um blog. Desde o início o sucesso é fenomenal: "Em 26 de janeiro de 2005, abri um blog sem saber direito o que era", recorda Grillo. "Só começo de fato a entendê-lo agora: beppegrillo.it se tornou em algumas semanas o blog italiano mais visitado." Por trás da aparente desenvoltura do comediante já se esconde uma engrenagem perfeitamente lubrificada. Cada postagem nasce com base num ritual muito exato. Durante a manhã, os colaboradores da Casaleggio Associati selecionam os dez comentários mais interessantes publicados no site e os transmitem a Gianroberto. Ele os lê, retrabalha os textos e escreve o post do dia, que estará on-line às 12 horas. Aos olhos do público, o único autor é Grillo. Casaleggio é relegado ao papel de simples fornecedor de tecnologia. Mas a realidade é bem diferente. As campanhas virais que marcarão o sucesso do blog, levando-o, no espaço de alguns anos, a ser um dos mais seguidos do mundo, nascem todas nos escritórios milaneses da Casaleggio Associati. É lá que são identificados os temas que funcionam, com base nos retornos dos usuários, num processo de interação constante que já é o embrião dos algoritmos mais sofisticados que estão por vir.

Nesse período, o blog surfa sobre temas populares que estimulam o ressentimento com o *establishment* político e financeiro: a corrupção dos homens públicos, os abusos das grandes empresas à custa dos pequenos acionistas, a precarização do trabalho. Sobre todos esses tópicos, o blog não se limita a denunciar a situação. Ao contrário, ele propõe remédios concretos, embora simplistas, para os males que aponta. Passa a impressão de que a solução estaria próxima, se a Itália não estivesse nas mãos de um bando de delinquentes, direita e esquerda confundidas no mesmo bolo, agindo apenas em função de seus próprios interesses em detrimento do povo.

Em pouco tempo, começa a se desenvolver uma consistente rede de apoiadores que desejam se organizar para ir além do blog. Casaleggio seguiu com interesse a campanha do candidato democrata Howard Dean, o primeiro candidato "digital" nas primárias americanas de 2004. Inspirado em Dean, ele decide incentivar os discípulos de Grillo a adotar a plataforma *Meetup*, um software que permite organizar facilmente discussões e encontros [*meets*], on-line ou no mundo real. Rapidamente, grupos de "Amigos de Beppe Grillo" florescem por toda a Itália. Nesta fase inicial, os discípulos são completamente livres. Eles podem se organizar como bem entendem, reunir-se e tomar qualquer iniciativa que venha à cabeça. O confronto entre a rapidez e o frescor da máquina posta em ação por Casaleggio e a velha política é impiedoso.

"Em 2007", escreve Marco Canestrari (um apoio de primeira hora que será em seguida frustrado), "para fazer política nos partidos, você devia necessariamente se submeter a regras e a rituais incompreensíveis para uma geração habituada à rapidez dos processos na internet. Em primeiro lugar, você devia escolher de que lado estava, à direita ou à esquerda, quase independentemente do conteúdo. Depois, decidir a que partido pertence, em todos os sentidos do termo. Em seguida, durante anos, lutar para subir degraus na administração local e, na melhor das hipóteses, procurar um 'santo' no Parlamento. A mensagem do blog era, enfim, bem diferente: para fazer política não é preciso se inscrever num partido e esperar o resultado anos a fio. Você pode fazer política em qualquer momento do seu dia, publicando comentários no blog ou difundindo posts na plataforma. E, assim, fazer parte das coisas desde o início do processo."

Sobre a superfície dessa promessa fácil, imediata e contemporânea, e graças à virulência dos conteúdos de forte teor emotivo disseminados pela verve de Grillo, a galáxia do blog se expande de maneira vertiginosa. No início de 2007, Casaleggio festeja o primeiro milhão de comentários, enquanto os *Meetup* já se contam às centenas e transbordam de energia renovada e iniciativas. Enquanto isso, o velho Prodi, no comando de uma coalizão capenga de centro-esquerda, recuperou o cetro do governo das mãos do velho Berlusconi, da mesma maneira que dez anos antes. A Itália parece presa na armadilha de um interminável *Truman Show*, no qual os mesmos atores, cada vez mais exaustos, voltam à cena para mais um giro do carrossel, numa dança tediosa e imutável.

Dois jornalistas do *Corriere della Sera* publicam um livro, *A casta*, que venderá mais de um milhão de exemplares e se tornará o manifesto de uma revolta do povo contra as elites. Em suas páginas, revelam-se, com profusão de detalhes, todos os privilégios da casta dos políticos, do último conselheiro municipal ao presidente da república, alimentando a indignação dos eleitores cujos comentários no blog são cada vez mais raivosos. Casaleggio sente que a hora chegou. É o momento de fazer sair da dimensão virtual o furor acumulado pelos discípulos de Grillo e lhe dar uma via física: as ruas.

Oito de setembro é uma data simbólica no imaginário italiano: marcou, em 1943, a proclamação do armistício e a capitulação diante dos Aliados. Assim, quando, no final da primavera de 2007, Grillo/Casaleggio escrevem um post inflamado chamando o "povo do blog" a juntar-se numa manifestação de rua no 8 de setembro, é difícil ignorar as implicações de tal gesto. Para a ocasião, o comediante adota uma linguagem particularmente lírica:

"Há uma atmosfera de 8 de setembro", ele escreve. "A política sente o tornado se aproximar. Ela se prepara. A Itália poderia ter mudado em 1992. Não conseguiu. Os *lobbies*, os clãs e as máfias venceram. A Segunda República morreu no próprio berço [...] O tornado gira, gira. Seu cheiro é de madeira podre, de corda, de granizo e de chuva densa. A Itália é uma panela de pressão, se ela explode desta vez, carrega todo mundo, talvez o próprio Estado nacional [...] O verão será muito quente. Depois, virá setembro e o Vaffanculo Day [o Dia do Vá se Foder], ou V-Day. Um meio termo entre o D-Day do desembarque na Normandia e o *V de Vingança*. Será no sábado, 8 de setembro, nas praças da Itália, para lembrar que, desde 1943, nada mudou. Ontem, era o rei em fuga e a nação derrotada; hoje, os políticos fechados nos palácios. O V-Day será um dia de informação e participação popular. Para fazer parte, conecte-se no blog."

Com seu título envolvente, a ira em estado puro, o chamado ao *Vaffanculo Day* viraliza em segundos e começa a se espalhar nas telas e monitores, para muito além das fronteiras dos simpatizantes dos *Meetup*.

Só as mídias tradicionais não se dão conta de nada. Uma semana antes da manifestação, Grillo tenta convocar uma entrevista coletiva para explicar a iniciativa, mas é forçado a cancelá-la, pois apenas um jornalista de um diário responde ao convite. Nos dias que precedem o *V-Day*, a imprensa não dedica uma só linha, e os canais de TV não cedem um mísero minuto de suas antenas ao acontecimento.

Mas, nesse 8 de setembro de 2007, a Praça Maggiore, de Bolonha, está abarrotada de gente, como não se vê há muitos anos. Em toda a Itália, duzentas outras praças são tomadas por apoiadores do movimento, que vieram celebrar o *Vaffanculo* colossal dirigido por Grillo à casta dos homens políticos corruptos que oprime os italianos. Mais de trezentas mil assinaturas são recolhidas para a iniciativa "Parlamento limpo", que prevê, entre outras providências, que cada deputado não possa exercer mais de dois mandatos.

O choque para o *establishment* político é imenso. É preciso dizer que em 2007 a internet é ainda uma criatura mais ou menos desconhecida da maioria dos responsáveis políticos, que deixam seus assessores ou secretários cuidarem de suas caixas de e-mail.

A partir desse momento, as mídias começam a girar em torno de Grillo, num grande frenesi. Elas querem compreender o fenômeno. A classe política também se agita e volta os olhos com interesse e medo para aquelas praças cheias de eleitores furiosos. À época, o comediante e Casaleggio ainda não imaginam que possam assumir um papel político direto. Eles ainda pensam que é preciso investir as forças que começaram a mobilizar na arena tradicional do jogo político.

Casaleggio, a essa altura, já cultivou uma relação privilegiada com Antonio Di Pietro, o juiz-símbolo da Operação Mãos Limpas, que fundou seu próprio partido, aliado da centro-esquerda de Romano Prodi. Desde então, os dois situam-se mais para as fileiras do partido democrata em gestação, uma formação destinada a misturar as principais correntes da centro-esquerda num único recipiente político. De fato, nem Grillo nem Casaleggio podem ser considerados de esquerda, mas a maioria de seus discípulos, nessa primeira fase, vem de lá. São, principalmente, jovens, sensíveis aos temas ambientais e trabalhistas, distantes da política tradicional e indignados com os desperdícios ligados à corrupção.

Mas a esquerda não se mostra nem um pouco receptiva aos progressos da dupla. Prodi lhes concede meia hora de encontro ("Ele ficou com os olhos fechados, parecia dormir", diria Beppe Grillo logo após a reunião), e quando o comediante tenta se candidatar às primárias do novo partido democrata, é imediatamente descartado. "Se ele quer criar um partido, basta candidatar-se e ter votos", declara, inconscientemente, um dos caciques da agremiação.

É então que Grillo e Casaleggio decidem partir para o voo solo. Aliás, o entusiasmo de seus partidários se torna irrefreável. Alguns são candidatos às eleições locais, integrando "listas Grillo" mais ou menos autônomas. O risco de que todo esse fervor escape a seu demiurgo é bem real. Casaleggio é obcecado por controle. Estudou, durante muitos anos, os grandes conquistadores da História. Admira, em particular, Gengis Khan, que governava um império erguido sobre um sistema de comunicação extremamente performático, capaz de fazer chegarem ordens a todos os grotões de seus domínios. Ele adora a maneira pela qual o imperador mongol selecionava seus comandados: uma fidelidade a toda prova, que transcendia critérios como berço e experiência.

Por seu lado, Casaleggio cultiva a mesma vontade inflexível de punir toda forma de insubordinação. "À menor dúvida, nenhuma dúvida mais!", repete, como um mantra. Aquele que der a impressão de não aderir 100% à visão do chefe é sumariamente expulso.

Com seu filho Davide, especialista apaixonado por internet e marketing viral, Casaleggio-pai põe em marcha o modelo de organização do Movimento 5 Estrelas.

Uma arquitetura aparentemente aberta, fundada na participação das bases, mas na verdade completamente bloqueada e controlada pela cúpula.

Num livro amplamente inspirado pelo pai, Davide Casaleggio compara as redes sociais aos formigueiros. "As formigas", escreve, "seguem uma série de regras aplicadas a cada indivíduo, por meio das quais se determina uma estrutura muito organizada, mas não centralizada. Cada formiga reage ao contexto, ao espaço no qual se desloca e às outras formigas."

Mesmo auto-organizado, tal sistema não exclui o papel de um demiurgo, que observa o formigueiro do alto e determina sua evolução: "As informações sobre as interações locais", prossegue Casaleggio júnior, "permitem compreender um sistema emergente e, se possível, modificá-lo. Por exemplo, saber que as formigas mudam de trabalho se encontram certo número de outras formigas que exercem as mesmas tarefas nos permite compreender suas decisões."

Mas, para que isso seja possível, três condições de base devem ser respeitadas:

"É preciso que os participantes sejam numerosos, que se encontrem por acaso e que não tenham consciência das características do sistema no seu todo. Uma formiga não deve saber como funciona o formigueiro, do contrário, todas as formigas desejariam ocupar os melhores postos e os menos cansativos, criando, assim, um problema de coordenação."

Apoiando-se nessas reflexões, os Casaleggio lançam as bases de seu movimento. Uma organização complexa, com uma fachada descentralizada, no seio da qual nenhuma formiga deve conhecer o projeto geral, nem os papéis exercidos pelas outras. Essas informações são reservadas a um demiurgo externo e onisciente. Pode parecer uma caricatura, mas são exatamente os princípios sobre os quais é fundado o novo Movimento 5 Estrelas, que Grillo apresenta num teatro, desta vez em Milão, em 4 de outubro de 2009.

Segundo a linguagem sempre muito imagética do comediante, trata-se de uma "não-associação", regida por um "não-estatuto" que declara, no seu artigo primeiro: "O Movimento 5 Estrelas representa uma plataforma e um meio de confrontação e de consulta que tem suas origens e encontra seu epicentro no blog www.beppegrillo.it. O contato com o Movimento 5 Estrelas é garantido exclusivamente por meio da caixa de correio eletrônico, cujo endereço é movimento5stelle@beppegrillo.it."

Na prática, o Movimento não é nem um partido nem uma associação, mas um blog mesmo, pertencente a Grillo e a Casaleggio, e um endereço de e-mail ligado ao mesmo site na internet. Aquele que controla essa plataforma detém o controle absoluto da vida do Movimento 5 Estrelas. Além disso, no artigo 3, o "não-estatuto" prevê que o nome do Movimento seja dotado de uma marca "registrada em nome de Beppe Grillo, único titular dos seus direitos de uso".

Essa arquitetura privada sofrerá várias modificações jurídicas ao longo dos anos, mas nenhuma variação substancial até agora. Hoje, o Movimento 5 Estrelas representa o principal partido da Itália, e, de seus quadros, saíram o presidente do Conselho e a maioria dos ministros do governo atual. Continua a ser, contudo, uma estrutura essencialmente privada controlada por Davide Casaleggio, filho e herdeiro de Gianroberto.

É em torno desse ponto que, desde o começo, repousa o grande mal-entendido do Movimento. Para sua base de militantes, internet é sinônimo de participação. É o instrumento de uma revolução democrática destinada a arrancar o poder das mãos de uma casta de profissionais da política e entregá-lo ao homem comum. Mas, para a elite do próprio Movimento, encarnada pela "diarquia" Casaleggio/Grillo, as coisas são diferentes: internet é, antes de tudo, um instrumento de controle. É o vetor de uma revolução a partir do topo, que capta uma quantidade enorme de dados a fim de utilizá-los para fins comerciais e, sobretudo, políticos.

Voltemos ao outono de 2009. Desde o início, o modelo organizacional do Movimento – que se opõe radicalmente à retórica da participação pela base – permite a seus proprietários guiar sua criatura com mão de ferro. Os partidários são formigas, é proibido formular críticas ou tomar iniciativas. Cada um é conectado ao Centro através do blog, mas é impedido de estabelecer conexões com outras formigas. Quem se desvia do caminho programado é eliminado.

É o caso de centenas de apoiadores, muitas vezes os maiores entusiastas, expulsos por Casaleggio por insubordinação. O rito é sumário e brutal. Para o Movimento, não sendo nem um partido nem uma simples associação, basta um clique e os traidores estão excluídos do blog. Da noite para o dia, eles acordam desprovidos do direito de acessar a plataforma on-line. Às vezes, recebem uma carta do advogado de Grillo que os proíbe de utilizar o logotipo do 5 Estrelas, propriedade exclusiva desse último.

Se as formigas rebeldes são eliminadas, por outro lado as mais disciplinadas têm a chance de serem ricamente recompensadas. Com a fundação do Movimento, Grillo deixa de ser o único porta-voz do *Vaffanculo*. Nos escritórios da Casaleggio Associati, outros rostos são testados, principalmente de jovens sem nenhuma experiência política ou profissional, que "funcionam" nos monitores e podem ser passivamente pilotados pelo comando. Os melhores – aqueles que produzem mais burburinho no Facebook e nas outras mídias sociais – são promovidos pelo blog. Em pouco tempo, eles atingem de centenas de milhares a mais de um milhão de seguidores em suas páginas e perfis. Seus posts e vídeos, publicados obrigatoriamente no blog e em outros sites de Casaleggio, juntam-se às postagens de Grillo e começam a gerar retornos publicitários significativos para o partido-empresa.

"Estamos caminhando para a criação de avatares na vida real", entusiasma-se Gianroberto. Para ele, o fato de a classe dirigente do Movimento 5 Estrelas ser composta de personagens improváveis, sem experiência ou competência, representa uma vantagem dupla. Primeiro, são avatares facilmente controlados e, se necessário, substituídos. Além disso, sua ignorância, sua gramática aproximativa e suas gafes frequentes, delícia dos jornalistas e adversários políticos, os humanizam e fazem com que os avatares de Casaleggio sejam percebidos como próximos do povo e distantes da casta.

A partir de 2012, outros sites se unem ao blog beppegrillo.it. Entre eles, La Cosa, uma espécie de web.tv, e Tze-Tze, um site de informações composto exclusivamente de notícias pinçadas do universo on-line tendo como critério sua popularidade. Durante essa fase, o Movimento experimenta um salto qualitativo na produção da realidade paralela teorizada há muito tempo por Casaleggio. Para os discípulos de Grillo, não é mais necessário sair da bolha para recorrer às mídias tradicionais. A Casaleggio Associati produz as informações e as distribui em seus próprios canais. Elas já são recortadas, sob medida, para viralizar no Facebook e nas outras redes sociais. Os títulos são sedutores, muitas vezes enganosos, outras vezes violentos. Começam quase sempre com as mesmas palavras e expressões: *Vergonhoso, Péssima notícia, Isto é a Itália!, Vocês vão ficar chocados, Basta!, É o fim!.* De início, antecipa-se a emoção, em geral negativa, que se quer suscitar. Depois, divulgada a informação, às vezes verdadeira, mas muito frequentemente falsa, convida-se à participação: *Compartilhe!, Faça circular, Máxima difusão!* O único critério de seleção, bem entendido, são os cliques.

As notícias que suscitam as reações mais intensas são valorizadas, republicadas, aprofundadas. Tornam-se objeto de discursos e de iniciativas políticas, cavalos de batalha do Movimento. Outras, tediosas, mesmo quando mais importantes e exatas, terminam o dia no pano de fundo, dando espaço às denúncias de complô e de corrupção, reais ou imaginárias.

Três anos após seu nascimento, o organismo tecno-político de Casaleggio já é uma criatura adulta, perfeitamente desenvolvida e capaz de tirar proveito máximo da implacável delinquência do sistema político italiano.

Em Roma, Berlusconi, arrastado pelos escândalos sexuais e pela tempestade financeira de 2011, é forçado a renunciar. Em seu lugar, já está um professor frio e calculista, que aplica, em tom acadêmico, um programa de austeridade sustentado por quase todos os partidos do parlamento. Mario Conti, rebatizado "Rigor Mortis" por Grillo, é um alvo perfeito para o Movimento 5 Estrelas.

Diariamente, o blog e outros sites da galáxia Casaleggio martelam o mesmo refrão. *Eles são todos iguais. Eles nos arruinaram! Vamos mandá-los de volta para casa!* Em plena recessão, com uma taxa de desemprego de 13% e uma pressão fiscal recorde, os italianos estão cada vez mais receptivos às palavras de ordem simples e vulgares do Movimento. No espaço de alguns meses, o Movimento 5 Estrelas se torna o único verdadeiro partido nacional do país, popular no Norte e no Sul, entre os jovens e entre os velhos, e capaz de captar vozes tanto à esquerda quanto à direita.

Assim chegamos às eleições de fevereiro de 2013, quando o Movimento, com pouco menos de 9 milhões de votos e 25% do sufrágio, se torna o partido mais votado da Itália. É o estranho triunfo da dupla Grillo/Casaleggio, mas também o começo de seu declínio.

Passadas as eleições, os fundadores conseguem seguir impondo sua linha: jamais comprometer sua pureza, nunca formar alianças para chegar ao governo. O Movimento 5 Estrelas rejeita os convites do Partido Democrata para integrar a maioria governamental e permanece, orgulhosamente, na oposição. Mesmo que o Movimento tenha entrado na corrente sanguínea das instituições, sua atitude não muda. Seu objetivo continua a ser o de minar, por dentro, as bases da democracia representativa em nome de uma democracia direta *made in* Casaleggio.

Em sua ótica, os 163 parlamentares eleitos pelo Movimento são, e devem continuar sendo, formigas: "Eles estão lá em nome do Movimento", declara, "não devem fazer política, são apenas o instrumento de um programa e devem respeitar as regras às quais aceitaram aderir. É simples". As humilhações e os controles infligidos aos eleitos, desde o primeiro dia, são incontáveis. Pede-se a eles, por exemplo, que comuniquem à Casaleggio Associati as senhas para acessar suas caixas de e-mail e seus perfis pessoais no Facebook e em outras redes sociais, de forma a dar à empresa o controle absoluto sobre sua existência digital, a única que conta, realmente, aos olhos do Demiurgo.

Nesse período, Beppe Grillo vocifera contra o parlamento e as instituições democráticas. De "ovo de larva vazio" a "lata de atum" fechada, a verve criativa de Beppe atinge, desde sempre, ápices de bizarrice quando se trata de definir o legislativo. No outono de 2010, o Movimento organiza seu primeiro Cozza-day – algo como "Jornada do mexilhão" – quando os *grillinhos*, seguidores de Beppe, se encontraram em Roma, diante da Câmara dos deputados. "Não só os condenados em *última* instância devem ir embora", proclamou Grillo em seu blog, "mas também todos os que se entrincheiraram no interior do palácio. Presos, como mexilhões, a seus privilégios. Eles não merecem nem que lhes atiremos pequenas moedas, pois seria honrá-los demais. Eles merecem só umas conchas descarnadas, privadas de seu molusco, cada uma rebatizada com o nome de um parlamentar [...]. Elas podem ser deixadas na rua onde mora o deputado ou postas sobre as escadarias do parlamento, como um convite para que se retirem."

A eleição de 163 representantes do Movimento não convence Grillo a adotar um tom mais moderado. Muito pelo contrário, ele descreve o evento como uma "marcha sobre Roma", aludindo à tomada de poder de Mussolini em 1922. Depois, num post publicado no blog, escreve: "O parlamento poderia fechar amanhã, ninguém notaria. É um simulacro, um monumento aos mortos, a tumba malcheirosa da Segunda República".

Mas a violência das declarações do Movimento 5 Estrelas contra as instituições democráticas é só o reflexo da violência verbal que a metralhadora giratória de Casaleggio continua a insuflar no debate político. Na Itália, todo jornalista ou comentarista compreendeu rápido que o simples fato de redigir um texto sobre o M5S (*Movimento 5 Stelle*, em italiano) o deixava exposto não só a uma onda de críticas – como seria normal –, mas a uma tempestade de insultos.

A partir do final de 2013, o blog introduz uma seção dedicada ao "jornalista do dia": geralmente, um repórter que criticou o movimento. A vítima é apresentada às massas de *grillinhos* como um exemplo de má-fé e da corrupção das mídias italianas e se torna pontualmente objeto de injúrias e ameaças nas telas das redes.

Não é por acaso que, em seu relatório anual, o Repórteres sem Fronteiras denuncia, a partir de 2015, o Movimento 5 Estrelas como um dos fatores que mais limitam a liberdade de imprensa na Itália. Dois anos mais tarde, a Associação Internacional de Jornalistas publicará: "O nível de violência contra os jornalistas (intimidações verbais e físicas, provocações e ameaças) é alarmante, em particular quando os políticos como Beppe Grillo não hesitam em tornar públicos os nomes dos jornalistas de quem ele não gosta".

Se nem todos os adeptos do Movimento praticam o esquadrismo[14] digital, a taxa de agressividade é bem mais elevada que em todas as outras formações políticas. No entanto, por trás da fachada, a verdadeira briga de facas está relacionada aos dados recolhidos pela Casaleggio Associati durante mais de dez anos de atividade do blog, e os provenientes de outros sites, nas redes sociais dos avatares do Movimento.

Num livro-reportagem, Nicola Biondo, ex-responsável pela comunicação do grupo M5S na Câmara dos Deputados, e Marco Canestrari, braço-direito de Gianroberto Casaleggio entre 2007 e 2010, revelaram, pela primeira vez, o outro lado do cenário. De acordo com essa reconstrução, é sobretudo a guerra pelo controle dos dados que faz pulsar a vida interna do Movimento e determina as relações entre a família Casaleggio, Beppe Grillo e os novos avatares da M5S que aparecem de tempos em tempos à frente do palco. Em comparação com os conflitos pelo poder que marcam todas as formações políticas, essa luta tem por singularidade

---

[14] Movimento com que Benito Mussolini contou para criar seus "feixes de combate" fascistas. Termo utilizado para se referir a um certo tipo de organização que se impõe pela força. [N.T.]

o fato de acontecer inteiramente à sombra e de envolver uma ambição orwelliana[15] – o controle dos cérebros dos adeptos –, da qual pouquíssimos são conscientes. De um lado, os dados têm um valor comercial. "A Casaleggio Associati", escrevem Biondo e Canestrari, "não é um organismo caridoso, mas uma sociedade limitada. Tem interesse evidente em controlar esses dados: conhecer o 'perfil' de pessoas ligadas ao Movimento – quem são, onde moram, como votam, quanto pagam – tem valor [...] inestimável".

De outro lado, considerando o consenso eleitoral do Movimento, os dados se tornaram o desafio principal de um jogo político gigantesco. Conhecer a opinião dos inscritos sobre um território e um tema definido, ou a visão dos próprios parlamentares, é uma vantagem competitiva importante, dentro ou fora do M5S, para quem tem a ambição de guiar o partido. Assim, se Di Maio, ou um outro, deseja tomar as rédeas do Movimento, deverá ter acesso aos dados. Saber quem, no seio do grupo parlamentar, votou a favor ou contra a direção, a abolição do delito de clandestinidade ou as uniões civis, por exemplo, para fazer a diferença.

Graças ao controle absoluto que exerce sobre os dados, Casaleggio-pai controla também sua criatura, mesmo quando ela se metamorfoseia no primeiro partido italiano. E pode continuar a desenvolver seus experimentos políticos.

---

[15] De George Orwell, autor de *1984*, um dos grandes clássicos da ficção do século XX. A obra retrata os efeitos nefastos do totalitarismo em uma sociedade futurística e distópica. [N.E.]

*

Na primavera de 2016, o Movimento 5 Estrelas tem, enfim, a oportunidade de realizar de maneira completa seu projeto de privatização digital da coisa pública. O prefeito de Roma, vindo do Partido Democrata, foi obrigado a renunciar em razão de uma série de escândalos, e o Movimento está na *pole position* para garantir a sucessão. Virginia Raggi, uma advogada totalmente desconhecida e sem qualquer experiência administrativa anterior, é escolhida por Casaleggio como candidata às eleições municipais do mês de junho.

No entanto, mais uma vez, nas intenções do Demiurgo, trata-se de um simples avatar: não é ela quem irá administrar a Cidade Eterna. Antes de ser candidata, a futura prefeita assina, em total segredo, um contrato no qual está previsto que "as propostas de ações de alta administração e as questões juridicamente complexas serão antes submetidas a um juízo técnico-legal, deixado aos bons cuidados do staff coordenado pelos guardiões do Movimento 5 Estrelas". A cláusula 4 do contrato determina que "o instrumento oficial para a divulgação das informações e a participação dos cidadãos" não será o site da prefeitura de Roma na internet, mas o blog *www.beppegrillo.it*. O inciso b da mesma cláusula prevê que a equipe de comunicação seja nomeada por Grillo e Casaleggio. Se a prefeita violar uma dessas disposições, o contrato assinado por ela prevê multa de 150.000 euros. Segundo a lei italiana, um contrato desse tipo é, evidentemente, ilegal e seria declarado nulo se a prefeita decidisse contestá-lo na justiça. Mas o fato mesmo de um documento assim existir e ter sido aceito, sem qualquer hesitação, pela futura "primeira cidadã" de Roma, mostra, mais uma vez, de forma cristalina, a natureza orwelliana da experiência de Casaleggio.

Infelizmente para ele, o Demiurgo não terá tempo de ver triunfar o "teste de Roma" nem a vitória das eleições nacionais dois anos mais tarde. Gravemente doente, Casaleggio morre em abril de 2016, numa clínica milanesa onde se internou sob o pseudônimo de Gianni Isolato, "João, o Isolado", confirmando, mais uma vez, que em política não há final feliz.

Mesmo assim, poucos dias antes de morrer, Casaleggio organiza, do leito de morte, sua sucessão. Deixa como herança a seu filho Davide o principal partido político italiano. Nasce, naquele momento, a Associação Rousseau, composta por duas únicas pessoas, o pai moribundo e o filho a quem ele passa a coroa – na forma de presidência vitalícia da entidade.

A novíssima associação tem por objetivo "promover o desenvolvimento da democracia digital e ajudar o Movimento 5 Estrelas". De fato, segundo o artigo primeiro do novo estatuto do Movimento, a Rousseau é responsável, para sempre, pelo conjunto de ferramentas informáticas do Movimento. Ao contrário dos partidos piratas do Norte da Europa e das outras forças políticas que lutam pela democracia eletrônica e se apoiam, de forma coerente, sobre plataformas *open source* inteiramente transparentes, o Movimento 5 Estrelas faz suas escolhas na mais absoluta obscuridade. O site sobre o qual se baseia toda a vida do partido pertence a uma associação blindada e administrada por uma empresa privada, que tem o mesmo presidente da agremiação. Nem os códigos nem qualquer elemento que sirva ao funcionamento da plataforma são públicos. A Rousseau é uma caixa preta da qual saem apenas, dependendo da boa vontade de Casaleggio júnior e sem nenhum controle, os resultados das consultas: nomes de vencedores das primárias para todos os cargos públicos, decisões sobre temas do programa, votações para expulsões e expurgos dos dissidentes.

Em tais condições, não é de espantar que a participação nas votações on-line tenha caído continuamente nos últimos anos. Hoje, as principais questões submetidas aos membros são decididas por um punhado de cliques. O Demiurgo morreu, e o bufão Grillo, cumprido seu dever de avatar número um dos Casaleggio, foi relegado a um papel irrelevante, marginal. O poder, hoje, é todo concentrado nas mãos de Davide, que o exerce com muita discrição, mas sem nenhum pudor.

Se o pai era essencialmente um autodidata talentoso, o filho é formado em economia empresarial numa das melhores universidades privadas da Itália, a Bocconi, de Milão. Tímido, metódico, ótimo jogador de xadrez e apaixonado por mergulho submarino, Davide não herdou o caráter idealista do pai. Segundo aqueles que o conhecem, o que lhe interessa, acima de tudo, são os negócios. Para ele, o Movimento é um tipo de megadepartamento para relações institucionais, capaz de abrir todas as portas na Itália e, de agora em diante, no estrangeiro. O fato de, após as eleições de 4 de março de 2018, o M5S se identificar com as instituições não muda, de maneira fundamental, a natureza de seu *approach*. Dos bastidores, Casaleggio controla seus homens de confiança no comando, e não há nenhuma decisão estratégica relativa ao Movimento, e ao seu governo, que não passe por seu gabinete.

No palco da ópera, acotovelam-se os improváveis avatares do partido-empresa: o presidente do Conselho de Ministros, Mister Conte, o líder provisório do Movimento, Luigi Di Maio, o presidente da Câmara, Roberto Fico, e o franco-atirador Alessandro Di Battista. Cada um deles pode facilmente ser substituído de acordo com a necessidade, as exigências políticas ou os interesses da empresa. Para evitar qualquer mal-entendido, aliás, o estatuto do Movimento prevê que nenhum dos eleitos possa exercer mais de dois mandatos.

Diante dessa inédita situação para uma democracia ocidental, podemos finalmente apreender a exata medida do poder da intuição inicial de Gianroberto Casaleggio, quando, lá atrás, decidiu criar um movimento alicerçado na união solidária de dois componentes – um analógico e outro digital – que não haviam jamais encontrado, até então, uma síntese política tão poderosa.

Esse dispositivo possui duas características explosivas em comparação ao sistema político pré-existente. Antes de tudo, o Movimento 5 Estrelas tem uma vocação explicitamente totalitária, no sentido em que procura representar não uma parte, mas a totalidade do "povo". Casaleggio-pai não concebeu seu movimento como um partido destinado a se integrar ao jogo – ultrapassado, em sua ótica – da democracia representativa, mas como um veículo destinado a conduzir a Itália a um novo regime político: a democracia direta, na qual os representantes dos cidadãos desaparecem porque são os cidadãos, eles próprios, que tomam todas as decisões. Isso se dá através de um processo de consulta on-line permanente, extensível a todos os domínios da vida social. Em segundo lugar, em linha com sua aspiração totalitária, o M5S não funciona como um movimento tradicional, mas como o *PageRank* do Google. Ele não tem visão, programa ou qualquer conteúdo ou agenda positivos. É um simples algoritmo construído para interceptar o consenso graças a assuntos e tópicos "que funcionam". Se a imigração é um tema forte, o Movimento investe no assunto, adotando a posição mais popular – ou seja, hoje uma postura similar à da Liga do Norte. Isso vale igualmente para o euro, os bancos etc. Se a opinião pública evoluísse no sentido oposto em relação a qualquer um desses temas, o M5S mudaria de posição, sem o menor prurido. O partido-algoritmo criado por Casaleggio-pai tem por único objetivo satisfazer de modo rápido e eficaz a demanda de consumidores políticos. E essa mentalidade comercial continua a ser a pedra fundamental do partido-empresa.

Numa entrevista ao *Corriere della Sera*, Davide Casaleggio fala do movimento como se fosse uma cadeia de lojas: "Nós garantimos um melhor serviço e somos mais eficazes em trazer as aspirações dos cidadãos às instituições [...] a velha partidocracia é como uma [videolocadora] Blockbuster, enquanto nós somos como a Netflix".

3

WALDO CONQUISTA O PLANETA

A DATA 25 DE FEVEREIRO de 2013 é marcada por uma incrível coincidência. No mesmo dia em que o Movimento 5 Estrelas concorre às eleições pela primeira vez e se torna o partido italiano mais votado – obtém 25% do sufrágio –, o canal de TV inglês Channel Four exibe uma ficção que explica esse fenômeno mais claramente que qualquer ensaio de sociologia política. No início do episódio da série *Black Mirror* que passou naquela noite, Waldo, um pequeno urso digital azulado, no papel de apresentador de um *talk-show* terrivelmente *trash,* zomba do convidado do dia com piadas de péssimo gosto. Por trás do simulacro se esconde Jamie, um homem frustrado de 30 anos, que empresta a Waldo seus gestos e suas (raras) ideias, sempre maltratando os convidados, como Liam Monroe, um arrogante ex-ministro da Cultura surgido das fileiras do Partido Conservador.

A certa altura, o produtor do show constata que o ursinho está ficando popular: "As pessoas querem ver mais o Waldo no monitor", ele diz. A chance aparece quando um deputado conservador é obrigado a renunciar por causa de um escândalo de pedofilia e Liam Monroe é escolhido para concorrer em seu lugar. Por que não segui-lo onde quer que ele vá e ridicularizar sua campanha?, imaginam, então, os produtores. Melhor: que tal juntar ele e Waldo, cara a cara?

Em início de campanha, Monroe tenta ignorar Waldo, que acompanha cada passo e gesto seu, deixando uma trilha de insultos e piadas vulgares. O problema é que o público adora o urso gozador. Ele faz rir e não tem papas na língua – ao contrário dos políticos, que se expressam em códigos e jargões. Sustentado pelo povo, Waldo acaba por ser incluído entre os políticos ao ser admitido num debate público. Acontece que Jamie, o ator que empresta a voz ao implacável urso, não está no clima: "Não tenho a menor ideia de como responder a uma pergunta séria", ele se queixa. "Mas ninguém está pedindo isso a você", dizem os produtores. "Você é o alívio cômico."

Durante o debate, Monroe tenta desconstruir e liquidar de uma vez por todas a pantomima do urso de pelúcia: "Sua presença em cena desvaloriza nossa democracia", exclama. "É só um personagem de desenho animado, que não propõe nada além de algumas piadas, e quando elas se esgotam, parte para a agressão. Por trás dele se esconde um ator fracassado que, aos 33 anos, nunca fez nada de sua vida. Fale, se você tem algo a propor, ou retire-se e dê seu lugar aos verdadeiros candidatos!"

Por um instante, Waldo vacila. Mas se recupera rapidamente. "Vá para o inferno, Monroe. Você é menos humano que eu, embora eu seja só um urso de mentira com uma piroca azul-turquesa. Vocês, os políticos, são todos iguais, e é culpa de vocês mesmos se a democracia virou uma piada e ninguém sabe mais para que ela serve!" Em poucos minutos, a tirada de Waldo viraliza e registra milhões de visualizações no YouTube, além de *likes*, *retweets* e compartilhamentos.

Os comentários se multiplicam: "Todo mundo está farto de tanto imobilismo, esse urso é o porta-voz dos desalentados!". Waldo começa a participar de programas mais sérios, e quando os apresentadores fingem indignar-se por sua falta de educação e sua ignorância, ele replica: "Cale a boca, hipócrita! Graças a mim você vai ter o maior número de compartilhamentos da sua vida!".

De olho nos votos, os produtores criam um aplicativo que geolocaliza os eleitores potenciais de Waldo, e os presenteia com um *gadget* e uma piada. Um marqueteiro americano contata os produtores: "No momento, Waldo é antipolítico, mas no futuro ele poderá veicular qualquer conteúdo político! E isso pode funcionar em cadeia mundial!". "Como a batata Pringles!", responde Jamie, com sarcasmo. "Exatamente como a batata Pringles!", replica o americano, sem ironia.

O produtor, então, recebe as encomendas de Waldo no lugar do escrupuloso Jamie e começa a incitar seus partidários a realizar ações cada vez mais violentas. No dia das eleições, Waldo perde por um punhado de votos, mas pouco importa. O fenômeno é incontrolável. No momento da proclamação dos resultados, Waldo ordena a seus fãs que tirem os sapatos e os lancem em Monroe, que, submerso numa chuva de calçados, se vê logo como protagonista de um novo vídeo viral. "Se esse troço se tornar a principal oposição", ele prevê sombriamente enquanto atravessa a cidade em seu carro, "então é o sistema inteiro que se revela absurdo. E é provável que seja, mesmo que se trate do mesmo sistema que construiu essas ruas".

A cena final se passa alguns anos mais tarde, à noite, numa megalópole não identificada, à la *Blade Runner*. Uma patrulha de milicianos uniformizados caça a golpes de cassetete um grupo de mendigos que dormem sob uma ponte. Entre eles encontra-se Jamie, que se vê diante de um gigantesco painel eletrônico. Desfilam na tela imagens que chegam dos quatro cantos do planeta: estudantes asiáticos usando uniformes azul-turquesa-Waldo, aviões militares com a efígie de Waldo. Em superposição, destacam-se, traduzidos em todas as línguas, os slogans vazios do novo poder: *Change, Hope, Believe, Future*.[16] O antissistema tornou-se o sistema e, por trás da máscara do Carnaval, estabeleceu um regime de ferro.

Em fevereiro de 2013, quando a história de Waldo passou pela primeira vez na TV, os espectadores não italianos puderam pensar, sem susto, que se tratava de uma sátira inverossímil. À época, Donald Trump ainda era uma figura exuberante num reality show da NBC, e, na Grã-Bretanha, como na França e no resto da Europa, homens políticos tradicionais, oriundos de partidos tradicionais,

---

[16] Em inglês, no original: Mudança, Esperança, Crença, Futuro. [N.T.]

exerciam o poder de maneira tradicional, sem que nada deixasse antever o fenômeno que estava prestes a se abater sobre eles. Mas, alguns anos passados da transmissão, fica claro que Waldo está, de certa forma, em vias de tomar o poder simultaneamente em todas as praças. Portanto, vale a pena estudar as características dessa estranha besta que se nutre do ódio, da paranoia e da frustração dos outros.

Num livro publicado em 2006, Peter Sloterdijk reconstruiu a história política da cólera. Segundo ele, um sentimento irresistível atravessa todas as sociedades, alimentado por aqueles que, com ou sem razão, pensam ter sido lesados, excluídos, discriminados ou insuficientemente ouvidos. Historicamente, a Igreja foi a primeira a abrir os exaustores para que essa imensa raiva acumulada se expandisse. Depois, os partidos de esquerda tomaram a frente a partir do fim do século XIX. Esses últimos garantiram, segundo Sloterdijk, a função de "bancos de cólera", acumulando as energias que, em vez de serem gastas num instante, poderiam ser investidas na construção de um projeto mais amplo. Um exercício difícil, pois se tratava, de um lado, de atiçar constantemente a fúria e o ressentimento e, ao mesmo tempo, controlar tais sentimentos para que não fossem desperdiçados em episódios individuais, mas servindo à realização do plano maior. Segundo esse esquema, o perdedor se transforma em militante, e sua raiva encontra um caminho político para se expressar.

Hoje, diz Sloterdijk, ninguém gerencia mais a cólera que os homens acumulam. Nem a religião católica – que teve de abandonar os tons apocalípticos, o juízo universal e a revanche dos humilhados no "outro mundo" para se adaptar à modernidade –, nem a esquerda – que, em geral, reconciliou-se com os princípios da democracia liberal e as regras do mercado. Por isso, desde o início do século XXI, a cólera passou a se expressar de maneira cada vez mais desorganizada, dos movimentos antiglobalização às revoltas dos subúrbios.

Dez anos depois da publicação do ensaio de Sloterdijk, já está comprovado que as forças da ira se reorganizaram e expressam-se no centro da galáxia dos novos populismos que, do Leste Europeu aos Estados Unidos, passando pela Itália, a Áustria e os países escandinavos, dominam cada dia um pouco mais a cena política de seus respectivos países. Para além de todas as diferenças entre si, esses movimentos têm como ponto comum o fato de pôr em primeiro lugar de sua agenda política a punição das elites tradicionais, de direita e de esquerda. Essas últimas são acusadas de terem traído o mandato popular, ao cultivar os interesses de uma minoria restrita em vez de servir aos anseios da "maioria silenciosa". Muito mais que medidas específicas, os líderes populistas oferecem aos eleitores uma oportunidade única: votar neles significa servir de torcida contra os governantes.

Assim, um dos prospectos distribuídos em favor do Brexit trazia os rostos satisfeitos do primeiro-ministro, David Cameron, e do chanceler do Tesouro, George Osborne, acompanhados do slogan: "Acabe com a vontade deles de sorrir, votem 'Leave' (o 'sim' para a saída do bloco europeu)". As multidões que recebiam Trump em seus comícios eleitorais entoavam em coro, por sua vez, "*Lock her up! Lock her up!*" – "mandem-na para a cadeia", fazendo referência à sua rival, Hillary Clinton.

Desde a Grécia antiga, as punições dos poderosos já era, sempre, o primeiro ponto do programa dos demagogos. E, mesmo se o restante dos projetos dos populistas é nebuloso e irrealista, é preciso admitir que, nesse aspecto punitivo, eles cumprem a palavra. Um voto suplementar em seu favor – ou mesmo uma simples preferência expressa numa pesquisa eleitoral – é capaz de semear o pânico entre as elites políticas tradicionais. Assim, aqueles que declaram que a chama populista durará pouco – pois uma vez no poder, as forças que a encarnam não conseguirão manter suas promessas – estão nadando em plena ilusão. A promessa central da revolução dos populistas é a humilhação dos poderosos, e ela se realiza já no momento em que eles ascendem ao poder.

Por trás da ira pública, há causas reais. Os eleitores punem as forças políticas tradicionais e voltam suas bandeiras para líderes e movimentos cada vez mais extremistas. Sentem-se ameaçados pela perspectiva de uma sociedade multiétnica. E, no conjunto, castigados pelos processos de inovação e mundialização que as elites lhes vêm empurrando goela abaixo, em doses cavalares, ao longo do último quarto de século.

Nós não estaríamos, evidentemente, falando de Waldo, de Trump e de Salvini, do Brexit e de Marine Le Pen se não houvesse uma realidade material sobre a qual os novos populistas tenham fincado os pés para levar suas reivindicações adiante. Mas, se olharmos os dados mais de perto, esses elementos, ainda que pertinentes, não bastam para explicar a amplitude das mudanças em curso. Como o prova, aliás, o simples fato de que, quase em todos os lugares, não são necessariamente as categorias mais pobres, nem as mais expostas à imigração e à mudança, as que se entregam ao abraço do urso Waldo. Os eleitores de Trump tinham, em 2016, um nível de renda mais elevado do que os que votavam em Hillary Clinton, enquanto na Europa os partidos xenófobos registram seus melhores resultados nas regiões que abrigam menos imigrantes.

Se a desconfiança contemporânea se baseia em razões objetivas cuja importância ninguém pretende negar, elas se alimentam também de um ingrediente ulterior, o verdadeiro tabu que ninguém ousa evocar: não são só as elites que mudaram, mas também o "povo".

Como diz o escritor americano Jonathan Franzen, pode ser que "todos, cada um por si, tenham se tornado, de repente, desconfiados das elites". Mais provável, no entanto, é que a internet e o advento dos *smartphones* e das redes sociais tenham uma boa dose de participação no processo. Um elemento fundamental da ideologia do Vale do Silício é a sabedoria das multidões: não confiem nos especialistas, as pessoas comuns sabem mais. O fato de andar por aí com a verdade nos bolsos, na forma de um pequeno aparelho brilhante e colorido no qual basta apoiar o dedo para ter todas as respostas do mundo, influencia inevitavelmente cada um de nós.

Fomos nos habituando a ter nossas demandas e nossos desejos imediatamente satisfeitos. Qualquer que seja a exigência, "*There's an app for that*" – "Há um aplicativo para isso" – prometia o slogan da Apple. Uma forma de impaciência legítima tomou conta de todo mundo: não estamos mais dispostos a esperar. Google, Amazon e os deliveries de comida nos habituaram a ver nossos desejos atendidos antes mesmo de terem sido totalmente formulados. Por que a política deveria ser diferente? Como é possível continuar tolerando os rituais demorados e ineficazes de uma máquina governada por dinossauros impermeáveis a toda e qualquer solicitação? Mas por trás da rejeição às elites e da nova impaciência dos povos há a maneira pela qual as relações entre os indivíduos estão se transformando. Somos criaturas sociais, e nosso bem-estar depende, em boa parte, da aprovação dos que estão em volta. Ao contrário dos outros animais, o homem nasce sem defesas e sem competências e continua assim por muitos anos. Desde o início, sua sobrevivência depende das relações que ele consegue estabelecer com os outros. O diabólico poder de atração das redes sociais se baseia nesse elemento primordial. Cada curtida é uma carícia maternal em nosso ego. A arquitetura do Facebook é toda sustentada sobre a nossa necessidade de reconhecimento, como admite, tranquilamente, seu primeiro financiador, Sean Parker:

"Nós fornecemos a você uma pequena dose de dopamina cada vez que alguém o curte, comenta uma foto ou um post, ou qualquer outra coisa sua. É um *loop* de validação social, exatamente o tipo de coisa que um hacker como eu poderia explorar, porque tira proveito de um ponto fraco da psicologia humana. Os inventores, os criadores, eu, Mark [Zuckerberg], Kevin Systrom, do Instagram, estávamos perfeitamente conscientes disso. E, mesmo assim, fizemos o que fizemos. E isso transforma literalmente as relações que as pessoas têm entre si e com a sociedade como um todo. Interfere provavelmente na produtividade, de certa maneira. Só Deus sabe qual o efeito que isso produz nos cérebros de nossos filhos."

Bem antes dos Bannon e dos Casaleggio, há o trabalho dos aprendizes de feiticeiros do Vale do Silício. O maquinário hiperpotente das redes sociais, suspenso sobre as molas mais primárias da psicologia humana, não foi concebido para nos confortar, mas, pelo contrário, veio à luz para nos manter num estado de incerteza e de carência permanente. O cliente ideal de Sean Parker, de Zuckerberg e de todos os outros é um ser compulsivo, empurrado por uma força irresistível para voltar à plataforma dezenas, centenas, milhares de vezes por dia, fissurado por essas pequenas doses de dopamina da qual se tornou dependente. Um estudo americano demonstrou que, em média, cada um de nós dá 2.617 toques por dia na tela do nosso smartphone. Sem dúvida, não é o comportamento de uma pessoa que esteja sã de espírito. Está mais próximo do modo de agir de um *junkie* em fase terminal, que se "aplica", ao longo do dia, seguidas doses de *refresh* e de *likes*.

Para compreender a raiva contemporânea, é preciso, portanto, sair da perspectiva puramente política e entrar numa lógica diferente. A raiva, dizem os psicólogos, é o "afeto narcisista por excelência", que nasce de uma sensação de solidão e de impotência e que caracteriza a figura do adolescente – um indivíduo ansioso, sempre em busca da aprovação de seus pares, e permanentemente apavorado com a ideia de estar inadequado.

O problema é que hoje, nas redes sociais, somos todos adolescentes fechados em nossos pequenos quartos, onde aumenta a frustração por causa do crescente abismo entre a mediocridade de nossa vida e todas as vidas possíveis que se oferecem virtualmente em nossos monitores e telas de celular. E, exatamente como um adolescente, explicam os psicólogos, temos fortes probabilidades de terminar em dois tipos de sites de internet que alimentam ainda mais nossa frustração: os sites pornográficos e os sites conspiratórios, que exercem um poder de fascinação intenso porque oferecem, enfim, uma explicação plausível para as dificuldades nas quais nos encontramos. *É culpa dos outros!*, nos dizem eles, *pois os outros nada fazem senão nos manipular para realizar seus objetivos demoníacos. Nós mostraremos a você a verdade,* continuam, *e assim você poderá se unir aos outros que, como você, finalmente abriram os olhos!*

O conspiracionista propõe sempre uma mensagem lisonjeira. Ele compreende o raivoso, ele conhece sua ira e a justifica: OK, não é sua culpa, é dos outros, mas você ainda pode se corrigir e se transformar num soldado da batalha pela verdadeira justiça. Começa-se de coisas as mais ínfimas para se chegar às maiores. Simone Lenzi relatou, em um belo livro, a epidemia de ressentimento e de raiva que se apoderou dos italianos, a partir de um episódio aparentemente banal. "Eu me lembro que um dia começou, no blog, uma discussão sobre o ato de dar troco. Em especial sobre aqueles que se enganam quando dão o troco. Todo mundo contava suas próprias experiências: na tabacaria, com o vendedor de jornais, o farmacêutico ou o garçom na hora da conta. Todos os participantes da discussão haviam sido vítimas de um troco errado. Mas, claro, no sentido contrário, ninguém jamais recebeu troco demais. Tentaram embolsar dois euros de um, dez euros de outro. Balconistas, farmacêuticos, garçons, taxistas: todos fingem se enganar para roubar os outros. Mas chegou, enfim, o momento de dizer chega. Eles não aceitariam mais ser enganados. Eles não estavam sós, não eram mais uns átomos soltos no universo: agora, faziam parte de uma legião." – "Como você se chama?", perguntou Jesus. – "Eu me chamo legião, porque nós somos muitos."

A história do troco é naturalmente um exemplo trivial, mas ilustra muito bem a dinâmica paranoica que está na base das mil conspirações que florescem o tempo todo nas telas.

As redes sociais não são, por natureza, talhadas para a conspiração. Sean Parker e Mark Zuckerberg não ligam muito para a questão dos trocos errados, nem – presumo – creem que as vacinas causam autismo, ou que George Soros planejou a invasão da Europa por imigrantes muçulmanos. Mas os complôs funcionam nas redes sociais porque provocam fortes emoções, polêmicas, indignação e raiva. E essas emoções geram cliques e mantêm os usuários colados ao monitor.

Um recente estudo do Instituto de Tecnologia de Massachusetts (MIT) demonstrou que uma falsa informação tem, em média, 70% a mais de probabilidade de ser compartilhada na internet, pois ela é, geralmente, mais original que uma notícia verdadeira. Segundo os pesquisadores, nas redes sociais a verdade consome seis vezes mais tempo que uma *fake news* para atingir 1.500 pessoas. Temos, enfim, a confirmação científica da frase de Mark Twain segundo a qual "uma mentira pode fazer a volta ao mundo no mesmo tempo em que a verdade calça seus sapatos"!

Os novos empregados contratados pelo Facebook aprendem imediatamente que o parâmetro crucial para a empresa se chama L6/7 – índice que mede o percentual de usuários tão intoxicados pela plataforma que chegam a utilizá-la seis dias por semana. Para aumentar esse número, as verdadeiras informações e as rodas de botequim virtuais entre velhos amigos de classe não bastam. "A simples contemplação da realidade não ocupa tempo suficiente", escreve Jaron Lanier. "Para manter seus usuários conectados, uma empresa de redes sociais deve, sobretudo, fazer as coisas de maneira que eles se enervem, sintam-se em perigo ou tenham medo. A situação mais eficaz é aquela em que os usuários entram em estranhas espirais de um consenso muito poderoso ou, ao contrário, de sério conflito com outros usuários. Isso não acaba jamais, e é esse, exatamente, o alvo. As empresas não planificam nem organizam nenhum desses modelos de utilização. São os outros que são incitados a fazer o trabalho sujo. Como os jovens macedônios que completam seu orçamento mensal postando *fake news* envenenadas. Ou mesmo os americanos ansiosos por faturar um dinheiro extra."

As implicações de um negócio desse gênero que aplica seu modelo a um terço da humanidade – 2,2 bilhões de pessoas –, que utiliza o Facebook ao menos uma vez por mês, ainda precisam ser plenamente compreendidas. Mas já ficou evidente que um dos efeitos da propagação de redes sociais foi o de aumentar estruturalmente o nível de cólera já presente na nossa sociedade.

*

Todos os estudos mostram que as redes sociais tendem a exacerbar os conflitos, ao radicalizar os tons até se tornar, em alguns casos, um real vetor de violência. Na Birmânia, ONGs denunciam, há anos, o papel exercido pelas comunicações via Facebook na perseguição da minoria muçulmana dos Rohingyas. Em 2014, um extremista budista provocou uma série de linchamentos ao compartilhar na plataforma a falsa informação de um estupro. As autoridades foram obrigadas a bloquear o acesso ao Facebook para interromper o turbilhão. Um estudo sobre milhares de postagens foi capaz de traçar os contornos de uma verdadeira campanha que desumaniza os Rohingyas e promove o recurso à violência até chegar ao extremo do genocídio.

No Brasil, várias investigações provaram o papel exercido pelo YouTube na difusão do vírus da Zika. A partir de 2015, enquanto as autoridades médicas se esforçavam para distribuir as vacinas e os larvicidas que matam os mosquitos transmissores do vírus, os primeiros vídeos conspiracionistas fizeram sua aparição na rede. Alguns desses vídeos revelavam a suposta existência de um complô das ONGs para exterminar as populações mais pobres, enquanto outros atribuíam a essas mesmas vacinas e larvicidas a propagação do vírus. A popularidade desses filmes criou um clima de desconfiança que levou muitos pais e mães a recusar os procedimentos médicos imprescindíveis para a sobrevivência de seus filhos. "Nós lutamos diariamente contra o doutor YouTube, e estamos perdendo a batalha", denunciou um médico na imprensa brasileira.

Ex-funcionário do YouTube, Guillaume Chaslot explicou claramente de que maneira o algoritmo da plataforma, responsável por 70% dos vídeos assistidos, foi concebido para impulsionar o público na direção dos conteúdos mais extremos, maximizando o nível de engajamento até seus limites. Assim, quem procura informações acerca do sistema solar no YouTube terá diante de si um menu bem farto de vídeos sustentando a teoria da Terra Plana, ao passo que o usuário interessado por questões de saúde será rapidamente reorientado para as ideias dos No Vax, o movimento anti-vacina, e dos conspiracionistas. O mesmo mecanismo está acelerado no terreno político. É assim que os brasileiros assistiram, nos últimos anos, à ascensão de uma nova geração de YouTubers de extrema-direita, que souberam explorar o algoritmo da plataforma para multiplicar sua visibilidade (e seu faturamento). É o caso de Nando Moura, um guitarrista amador que reúne mais de três milhões de inscritos no seu canal do YouTube, alternando canções, instruções para videogames e, sobretudo, uma variedade extraordinária de teorias da conspiração. Ou o caso de Carlos Jordy, um fisiculturista coberto de tatuagens que deve sua popularidade, e sua cadeira no Congresso, a uma série de vídeos denunciando um complô dos professores de esquerda para espalhar o comunismo nas escolas.

Ou ainda o exemplo do Movimento Brasil Livre, uma organização fundada durante a campanha a favor do *impeachment* da ex-presidente Dilma Rousseff, dotado de uma poderosa produtora de vídeos para o YouTube que empregava jovens profissionais dedicados à luta contra o que consideram "a ditadura do politicamente correto". Em outubro de 2018, um de seus membros mais ativos, Kim Kataguiri, foi eleito, aos 22 anos, o mais jovem deputado a integrar o Congresso Nacional. Na mesma ocasião, outros cinco postulantes do MBL fizeram sua entrada no parlamento. Juntos, esses personagens, assim como inúmeras figuras similares, contribuíram para criar o clima que tornou possível a eleição de um ex-militar de extrema-direita, ele mesmo muito popular nas redes sociais, à presidência da república. O vídeo dos apoiadores de Jair Bolsonaro, reunidos em Brasília no dia de sua posse, que gritavam alegremente os nomes do Facebook e do YouTube, rodou o mundo.

Na França, o movimento dos Coletes Amarelos se alimenta desde o começo de dois ingredientes: a raiva de certos segmentos populares e o algoritmo do Facebook. A partir dos primeiros *Groupes Colères* – Grupos de Cólera –, que começaram a aparecer na plataforma no início de 2018, até as petições on-line contra o preço dos combustíveis, que recolheram milhões de adesões, passando por grupos como "La France en colère !!!", que se tornaram órgãos de informação e centros de coordenação dos protestos. Na ausência de qualquer organização formal, os criadores das páginas mais seguidas no Facebook automaticamente se tornaram líderes do movimento, recebidos pelas autoridades e cortejados pelas mídias. A própria ideia de um colete de segurança como sinal de reconhecimento nasce, aliás, de um vídeo postado no Facebook por um jovem mecânico, Ghislain Coutard, visualizado mais de 5 milhões de vezes no espaço de poucos dias. Ali, também, o que choca é a rapidez: o vídeo apareceu on-line em 24 de outubro e, três semanas depois, em 17 de novembro, 300 mil Coletes Amarelos mobilizavam-se por todo o território francês, para um protesto autônomo que causou uma morte e deixou 585 pessoas feridas.

Mais uma vez, o Facebook funcionou como um formidável multiplicador, nutrindo-se dos ingredientes mais díspares para disseminar uma epidemia de cólera que se transferiu da dimensão virtual para a realidade. Na base do protesto, havia, claro, as demandas legítimas de manifestantes, face ao aumento das taxas sobre combustíveis e outras medidas do governo. Mas, desde o primeiro dia, o algoritmo desencadeado pela rede social californiana misturou esses temas com os chamamentos à revolta lançados por extremistas de direita e de esquerda, com as *fake news* e com as teorias da conspiração de fontes múltiplas. Circularam também: uma falsa carta do presidente da república convocando as forças da ordem a usar a violência contra os manifestantes; detalhes de um complô da maçonaria para subjugar a França; e a análise de um suposto constitucionalista explicando que a eleição de Macron era ilegítima. Vastamente compartilhada foi uma outra tese exótica, segundo a qual o Global Compact sobre as imigrações promovido pela ONU seria, na realidade, um complô para neutralizar a classe média branca. Macron, de acordo com essa teoria, teria "vendido a França" ao assinar o acordo, em Marrakesh, segundos antes de renunciar.

Para se ter uma ideia dos ingredientes do coquetel explosivo que alimentava o furor dos manifestantes, bastava, durante os dias em que ocorreram os protestos em série, ir ao Facebook e fazer uma ronda pela página "La France en colère !!!", principal endereço de coordenação do movimento, com dezenas de milhões de cliques em seu ativo estatístico. Argumentos os mais sensatos e testemunhos de verdadeiros Coletes Amarelos em dificuldade se alternavam permanentemente com ataques contra deputados com rendas elevadas e mídias submissas ao poder, até chegar às *fake news* de matriz russa e a convites para tomar de assalto o Palácio do Eliseu.

Em sua plasticidade, capaz de combinar tudo e, principalmente, o contrário de tudo, o movimento dos Coletes Amarelos mostrou pela enésima vez que a raiva contemporânea não nasce somente de causas objetivas de natureza econômica e social. Nasce, também, do encontro de duas grandes tendências que vêm sendo observadas. No plano da oferta política, o enfraquecimento das organizações que canalizam tradicionalmente a revolta popular, os "bancos de cólera" de Sloterdijk: a Igreja e os partidos de massa. E, no plano da demanda, a irrupção de novas mídias que parecem ter sido concebidas de propósito – e foram, de fato – para exacerbar as paixões mais extremadas, os "clubes da luta dos covardes", na precisa definição de Marylin Maeso.

A capacidade de se posicionar no coração desse cruzamento de tendências determina o verdadeiro talento dos engenheiros do caos. Um deles, o grande conselheiro de Viktor Orban, Arthur Finkelstein, descreveu a situação nos seguintes termos, na primavera de 2011:

"Eu me desloco muito pelo mundo e vejo, onde vou, um grande volume de raiva. Na Hungria, Jobbik obteve 1% dos votos com a mensagem 'É culpa dos ciganos'. A mesma coisa se passa na França, na Suécia, na Finlândia. Nos Estados Unidos, a raiva é focada nos mexicanos, nos muçulmanos. Há um só grito: eles roubam nosso trabalho, eles mudam nosso estilo de vida. Isso produzirá uma demanda por governos mais fortes e homens mais fortes, que 'impeçam essa gente', quem quer que seja 'essa gente'. Eles falarão de economia, mas a essência de seu negócio é outra: é a raiva. É uma grande fonte de energia que está em pleno desenvolvimento no mundo inteiro." Os engenheiros do caos compreenderam, portanto, antes dos outros, que a raiva era uma fonte de energia colossal, e que era possível explorá-la para realizar qualquer objetivo, a partir do momento em que se decifrassem os códigos e se dominasse a tecnologia.

O Waldo de *Black Mirror* não é nada mais que a tradução política das redes sociais. Uma máquina temível que se nutre de raiva e tem como único princípio o engajamento de seus partidários. O importante é alimentá-la permanentemente com conteúdos "quentes", que suscitam emoções.

Atrás do escritório de Davide Casaleggio, em Milão, um monitor mede, em tempo real, os índices de popularidade dos conteúdos postados nas diferentes plataformas digitais da galáxia do Movimento 5 Estrelas. Sejam eles positivos ou negativos, progressistas ou reacionários, verdadeiros ou falsos, não importa. Os conceitos que agradam são desenvolvidos e relançados, transformando-se em campanhas virais e em iniciativas políticas. Os outros simplesmente desaparecem, num processo darwiniano que tem como único critério de seleção a atenção atraída por uma tela.

Desde o fim de 2014, a Liga de Matteo Salvini equipou-se de um aparelho similar, chamado "A Besta". As redes sociais de Salvini são sistematicamente analisadas para que se compreenda quais são as postagens e os *tweets* que têm o maior número de respostas e que tipo de pessoas interagem em suas órbitas. Nenhum esforço é feito para alimentar a Besta, como no caso da iniciativa "Vinci Salvini", um jogo on-line lançado durante a campanha eleitoral de 2018 que permitia acumular pontos graças à produção de conteúdos pró-Liga e, por que não, encontrar o líder do partido. Todos os dados são devorados pela Besta que, depois de mastigá-los, os regurgita, na forma de slogans e de campanhas capazes de interceptar centenas de milhares, às vezes milhões, de eleitores.

É claro que, como no caso de Waldo, a mão humana se esconde por trás da Besta. Ela pertence a Luca Morisi, doutor em filosofia pela Universidade de Verona, onde lecionou, por dez anos, "informática filosófica", ou seja, "como a revolução digital redefine os temas clássicos do pensamento ocidental".

De forma manifesta, o fruto dessa reflexão aprofundada se identifica com as posturas *à la* Mussolini 2.0 do "Capitão", apelido que Morisi inventou para Salvini. "Matteo é um campeão da comunicação polarizada", ele diz. "Avança na direção das pessoas mesmo quando elas disparam uma bazuca na cara dele. Abraça o conflito. Assim, consegue, mais ainda que Trump, fidelizar os que os seguem. Se você sai de férias e gosta de um restaurante, você dá um 'like' na página do estabelecimento no Facebook mesmo sendo pouco provável que volte lá. O segredo de Salvini está no fato de que ele conseguiu catalisar uma atenção constante sobre si mesmo. A continuidade do contato é o que há de mais importante."

Engajamento, engajamento, engajamento. O parâmetro capital é sempre o mesmo. Graças às artes mágicas de Morisi, o capitão se tornou, em poucos meses, o líder europeu mais seguido no Facebook, com 3,3 milhões de curtidas, contra 2,5 milhões de Merkel e 2,3 milhões de Macron. Trump tem 22 milhões, mas, acrescenta Morisi, "Matteo ganha dele em termos de engajamento do público: 2,6 milhões de cliques em uma semana para Salvini contra 1 milhão e meio para Trump".

Para atingir esses resultados, alguns afirmam que a Liga teria utilizado como armas softwares e perfis falsos. O que Morisi nega: "Eu nunca criei perfis falsos no Twitter ou no Facebook para aumentar artificialmente o engajamento", ele garante. Por outro lado, reivindica a criação de avatares de carne e osso. "Nós inventamos, em 2014, um sistema, 'Seja um porta-voz de Salvini', do qual se falou muito: o usuário se registrava e aceitava tuitar automaticamente conteúdos publicados por Salvini. Não eram pessoas inventadas, mas pessoas reais que topavam dar um cheque em branco para disseminar certos conteúdos em certos contextos." A iniciativa funcionou bem. Dezenas de milhares de pessoas, frequentemente neófitos da internet, aceitaram registrar-se instantaneamente nas redes sociais só para serem avatares do *Capitano*. "Mas, hoje, há uma base tão forte, mesmo no Twitter, que nós nem precisamos mais da ferramenta."

Esse resultado, indiscutível em termos numéricos, nasce, em parte, graças à habilidade de Morisi. Os novos engenheiros do caos são muitas vezes criativos e dominam técnicas que os *spin doctors* mais tradicionais ainda não conhecem.

Na Alemanha, a campanha do AFD, partido de extrema-direita, conseguiu que cada vez que um eleitor escrevesse o nome "Angela Merkel" no Google, o primeiro resultado a aparecer na tela fosse uma página denunciando a traição da chanceler no que se refere à política de refugiados e às vítimas do terrorismo na Alemanha.

Nos Estados Unidos, por trás da aparente simplicidade da campanha de baixo custo de Donald Trump havia também técnicas psicométricas da Cambridge Analytica e, sobretudo, a capacidade de se alavancar nas funcionalidades mais inovadoras do Facebook graças a uma equipe de técnicos mobilizados pela empresa (que a campanha de Hillary recusara).

No Brasil, os comunicadores a serviço do candidato ultranacionalista Jair Bolsonaro driblaram os limites impostos aos conteúdos políticos no Facebook comprando milhares de números de telefone para bombardear quem utiliza o WhatsApp com mensagens e *fake news*.

Mas, apesar das proezas acumuladas pelos engenheiros do caos, a verdadeira vantagem competitiva de Waldo não é de caráter técnico. Ela reside na natureza de conteúdos nos quais se baseia a propaganda populista.

A indignação, o medo, o preconceito, o insulto, a polêmica racista ou de gênero se propagam nas telas e proporcionam muito mais atenção e engajamento que os debates enfadonhos da velha política.

Os engenheiros do caos estão bem conscientes disso. Como diz Andy Wigmore, braço direito do líder soberanista britânico Nigel Farage e estrategista de duas campanhas em favor do Brexit: "Quando nós publicávamos alguma coisa sobre a economia, recebíamos três ou quatro mil curtidas no máximo. Mas, cada vez que incluíamos um fator emocional, tínhamos, sempre, ao menos quatrocentas ou quinhentas mil, às vezes dois ou três milhões de curtidas!".

Pouco importa se o engajamento nasce de se jogar lenha na fogueira dos preconceitos e do racismo, ou da propagação de falsas informações: "Nós fotografamos a realidade", defende-se Morisi. "Claro que utilizamos cores fortes, mas nos damos conta de que tais sentimentos já estão, de fato, no âmago dessas pessoas."

Waldo não quer nada além de repetir o que "essas pessoas" pensam, e fazê-lo sem hipocrisia, na linguagem que elas utilizam. É melhor ainda se as elites inimigas do povo acharem que é uma linguagem ofensiva e vulgar. Será o sinal de que estão desconectadas do povo, o qual apenas Waldo é capaz de representar. Ou, melhor ainda, de refletir.

Mas, ao posar de espelho do pior, Waldo age como um multiplicador. Na Itália, como nos Estados Unidos de Trump ou na Hungria de Orban, o primeiro e principal efeito da nova propaganda é a liberação da palavra e dos comportamentos. Pela primeira vez depois de muito tempo, a vulgaridade e os insultos não são mais tabus. Os preconceitos, o racismo e a discriminação de gênero saem do buraco. As mentiras e o conspiracionismo se tornam chaves de interpretação da realidade.

E tudo isso apresentado como uma guerra sacrossanta para a libertação da voz do povo, finalmente desatada dos códigos opressivos das elites globalizadas e politicamente corretas. Essas mesmas elites que provocaram a crise financeira, que causou o empobrecimento das classes populares, e, para coroar o conjunto, conspiraram com as ONGs e o lobby judaico-maçônico para substituir a mão de obra local por imigrantes provenientes dos países do Sul.

Uma vez liberada a cólera, passa a ser possível construir qualquer tipo de operação política. "Descubra por que as pessoas estão enraivecidas, diga a elas que a culpa é da Europa, vote e a faça votar pelo Brexit", foi assim que um dos engenheiros do caos resumiu a estratégia, elementar e temível, de uma campanha referendária que parecia fadada ao fracasso. "Deixem-me ser o porta-voz da sua ira": foi com essa mensagem que o candidato mais improvável da História tomou a Casa Branca.

Por trás das principais evoluções geopolíticas dos últimos anos, há o riso ácido de Waldo, o urso azul que parecia ser uma piada e se tornou um ator em vias de mudar a face do mundo. Se para Lenin o comunismo eram "os Sovietes e a eletricidade", para os engenheiros do caos o populismo é filho do casamento entre a cólera e os algoritmos.

4

TROLL, O CHEFE

EM 4 DE NOVEMBRO de 2008, a América entra numa nova era – ou, ao menos, é no que somos persuadidos a acreditar naquela noite. Pela primeira vez, os Estados Unidos elegem para a Casa Branca um presidente de origem africana. As fraturas que marcaram a história desse grande país parecem finalmente superadas, e todas as sondagens são unânimes: "O racismo não existe mais". Mesmo nos estados mais retrógrados do Sul, não se encontra mais um só eleitor disposto a admitir que seu voto é influenciado pela cor da pele. Depois de mais de três séculos, o caldeirão racial americano parece ter finalmente encontrado seu destino natural.

No entanto, nessa mesma noite de 4 de novembro, longe dos projetores do Grand Park de Chicago, onde Barack Obama celebra sua vitória, um fenômeno bem diferente se produz. Os dados do Google, que, contrariamente às pesquisas tradicionais, revelam os pensamentos e os comportamentos reais das pessoas, nos dizem que durante aquela noitada, em alguns estados, o número de buscas por "*first nigger president*" – que poderia ser traduzido como "primeiro presidente crioulo" – ultrapassa o número de buscas por "*first black president*" – "primeiro presidente negro". Na mesma noite, ainda, a rede social racista Stormfront registra o maior pico de inscrições de seu histórico. Concretamente, enquanto a história oficial anuncia o fim do ódio racial, esse último já está em vias de se reorganizar, adotando a forma nova, menos explícita e mais contemporânea, que vai permitir a esses grupos, oito anos depois, fazer um retumbante *come-back*. Na época, ninguém percebe. Seria preciso um feiticeiro, mais que um político tradicional, para decretar o fenômeno: desde os primeiros meses do mandato de Obama, esse bruxo, capaz de mobilizar a base oculta mais significativa dos eleitores racistas, vai assumir a fisionomia improvável de Donald Trump.

Improvável não tanto por causa de seus cabelos amarelos, seus negócios suspeitos e suas poses teatrais. Mas, principalmente, porque, no outono de 2008, o empreiteiro nova-iorquino é uma das figuras mais populares entre os afro-americanos e os latinos. *O Aprendiz*, o reality show que ele apresenta com grande sucesso desde 2004, e no qual interpreta seu próprio papel, agrada particularmente as minorias porque põe em cena jovens de todas as origens étnicas competindo para realizar o sonho americano sob o olhar implacável mas justo de Donald. No começo de cada episódio, um instante antes de subir no helicóptero batizado com seu nome, o magnata se volta para as câmeras: "Eu dominei a arte dos negócios e transformei o nome Trump em uma marca da mais alta qualidade. Enquanto mestre, eu desejo transmitir meu conhecimento a qualquer pessoa. Eu estou em busca... do aprendiz".

Entre os dezesseis jovens que, em cada temporada, participam da competição para merecer os favores do Mestre, há, é claro, homens e mulheres que representam a pluralidade da sociedade americana. E não é raro que eles ganhem, como no outono de 2005, quando o show coroou Randal Pinkett, um jovem e brilhante afro-americano de 26 anos. *O Aprendiz* é um palco para a vitalidade da sociedade multiétnica, e as minorias gostam do programa. Durante esse período, Donald Trump é, portanto, mais popular entre negros e latinos do que entre o público branco.

Mas tudo isso está prestes a mudar muito rápido a partir de 2010. É quando Trump detecta uma teoria da conspiração que, até então, estava confinada às periferias mais extremas da direita alternativa – teoria segundo a qual Barack Obama não teria nascido nos Estados Unidos. Logo, não terá direito de ser eleito presidente: "Eu estou um pouco cético quanto ao nascimento de Obama", declara Trump, "e não acho que aqueles que partilham essa opinião devem ser considerados como idiotas de forma tão precipitada". "Lá onde ele diz ter nascido ninguém o conhecia." "Há alguma coisa nessa certidão de nascimento que não agrada Obama." Assim, aos pouquinhos, de pequena frase em pequena frase, Trump dá vida a uma campanha cujo objetivo é forçar Obama a apresentar sua certidão de nascimento. Quando a Casa Branca publica, finalmente, o documento, Donald aposta mais alto e oferece cinco milhões de dólares a quem for capaz de fornecer uma cópia original do pedido de inscrição de Obama na universidade.

Em alguns meses, ele se impõe, assim, como o opositor mais radical, e o mais politicamente incorreto, do presidente.

Bem antes do anúncio oficial de sua candidatura, percebe-se, já nesse tom inaugural, os principais ingredientes daquilo que iria ser o trumpismo. Em primeiro lugar, o sinal de fumaça convocando a base do eleitorado tradicional, branco, impregnado de preconceitos e de racismo, que experimentou a eleição de Obama como uma aberração. Ao colocar em questão as origens do presidente, sob o véu sutil do argumento legal, Trump contesta, na realidade, a legitimidade que tem um negro para ocupar a Casa Branca. Ao mesmo tempo, dá uma piscada de olho ao eleitorado branco, rural e das periferias urbanas, marginalizado no seio do sistema político americano.

O segundo elemento da polêmica em torno da certidão de nascimento é a teoria da conspiração: por trás da eleição de Obama, estaria um grande complô reunindo poderes mais ou menos ocultos das elites globais, capazes de falsificar a realidade para realizar seus próprios objetivos contra os interesses do bom povo americano.

Por último, desde a origem, as *fake news* constituem o terceiro ingrediente. O suposto nascimento de Obama fora do território dos EUA é, evidentemente, uma mentira. O próprio Trump irá admitir o embuste alguns anos depois, sem nenhum constrangimento. Mas o fato de que a trajetória política de Donald se sustente, desde o início, sobre uma *fake news* não constitui, de forma alguma, um ponto fraco. Ao contrário, de modo espantoso, será uma das grandes forças de sua candidatura.

*

Quando Trump lança sua campanha de comunicação sobre a certidão de nascimento de Obama, ninguém imagina que uma iniciativa desse tipo pudesse servir como rampa de lançamento para ascender à Casa Branca. Estamos na América do século XXI, onde os brancos serão uma minoria a partir de 2040 e onde a cultura dominante já é, há muito tempo, a da meritocracia e do politicamente correto das grandes universidades, de Hollywood e do Vale do Silício. Num mundo como esse, The Donald é, no máximo, um homem de Cro-Magnon folclórico, espécie de sobrevivente dos dinossáuricos anos 1980.

Mas, nas margens da vida política americana, já há algum tempo, ronda um personagem que tem a sensibilidade e a experiência necessárias para farejar antes dos outros as correntes que se movem sob o aparente consenso da Nova América, particularmente no mundo digital. É verdade que um episódio *a priori* sem importância no currículo de Steve Bannon marcou, de forma determinante, sua maneira de ver as coisas.

Em 2005, Bannon deixa Hollywood e parte para Hong Kong. Lá, participa do lançamento de uma sociedade, Internet Gaming Entertainment, um modelo de negócios bastante curioso. Essa empresa explora a popularidade de um videogame, World of Warcraft, que tem milhões de apaixonados no mundo inteiro. O *game* emprega milhares de jovens chineses, que jogam da manhã à noite e acumulam troféus virtuais – armas e ouro – reservados aos craques da modalidade. Os ganhos virtuais são, em seguida, revendidos, em troca de moeda real, aos jogadores ocidentais mais preguiçosos, que desejam progredir no jogo sem ter que passar tanto tempo grudados na tela.

Um problema surge: esse modelo deixa os verdadeiros *gamers* furiosos. Ora, esses jogadores fizeram do videogame sua razão de viver. Para eles, comprar troféus em vez de ganhá-los é sinônimo de trapaça e um atentado aos códigos de honra que regem a vida dos guerreiros digitais. Começa, assim, uma violenta campanha virtual ao fim da qual os *gamers* rebelados forçam a empresa proprietária do World of Warcraft a suspender as contas de usuários que protestam contra a Internet Gaming Entertainment.

Para Bannon, esse fiasco total é a chance de descobrir uma realidade cuja existência ele sequer imaginava. Encontram-se, on-line, milhões de jovens mergulhados numa realidade paralela à qual são ferozmente afeiçoados. Em nome da defesa dessa esfera, estão prontos para mobilizar um poder de fogo enorme, capaz de derrubar empresas e fazer grandes colossos mundiais se curvarem. Claro, é um mundo anárquico, composto de comunidades difíceis de controlar e impregnado de uma cultura frequentemente misógina e hiperviolenta, ao menos na dimensão cibernética. No entanto, é para lá que se transferiu uma parte significativa da energia que faz com que os jovens sejam, historicamente, a plataforma dos tumultos e das revoluções. Muitos pensam que essa energia se dissipou e desapareceu. Na verdade, ela ainda está por aí. Basta saber interceptá-la para, depois, canalizá-la na direção da política.

A partir desse momento, Bannon começa a prestar especial atenção às comunidades digitais. Não às comunidades bem pensantes e politicamente corretas que estarão na origem do sucesso da candidatura de Obama em 2008 e aplaudidas como motor global da mudança durante a Primavera Árabe de 2011. Mas àquelas menos visíveis e menos apresentáveis, que se agitam sob os radares dos partidos e das mídias tradicionais. Plataformas como 4chan, 8chan ou os subgrupos do portal Reddit, que agregam milhões de usuários por meio de polêmicas inflamadas contra o *establishment* das mídias e das políticas e novos dogmas do politicamente correto. São microcosmos nos quais nenhum argumento é tabu e a única regra é o exagero – como modo de atrair a atenção e chocar os bem pensantes com declarações abusivas, misóginas, racistas ou antissemitas.

Nesse meio tempo, Bannon, vindo de sua aventura no mundo dos *gamers*, volta aos Estados Unidos e se alia a um dos personagens mais instigantes da nova direita americana. Andrew Breitbart é um jornalista, escritor, filho adotivo de um casal burguês judaico de Los Angeles. Criado num ambiente progressista, Breitbart teve sua revelação política em 1991, durante o escândalo ligado ao juiz negro Clarence Thomas, um conservador antiaborto pré-escolhido por George Bush para uma vaga na Suprema Corte, pego por acusações de agressão sexual à sua ex-colaboradora Anita Hill. "Eu acompanhava o inquérito parlamentar a partir de minha posição de bom liberal que desejava a queda de Clarence Thomas", ele recorda, "porque os apresentadores vedetes de jornais televisivos diziam que Clarence Thomas era o homem mau e Anita Hill a vítima gentil. A Organização Nacional para as Mulheres pintava também Clarence

Thomas como o malvado e Anita Hill como a boa moça, e eu me posicionava do mesmo lado. Eu me sentava diante da televisão e assistia às audiências no Senado, esperando pelas provas que dariam razão à acusação, porque no fundo se tratava de um processo. No fim da semana, me perguntei: quando as provas serão apresentadas? Eu acredito em Anita, muito bem. Admitamos que ela diga a verdade. E aí? Se em seis anos de carreira, passando de um trabalho a outro com aumentos constantes de salário, o pior que lhe aconteceu foi ter visto uma lata de Coca-Cola com um pelo pubiano em cima, e a única maneira que encontrou de lidar com isso foi uma audição pública no Senado, do que é que estamos falando? Essa foi minha epifania, entendi que alguma coisa não estava certa. Eu não entendia como a NAACP (Associação Nacional para a Promoção das Pessoas de Cor) podia continuar assim, de braços cruzados, enquanto os brancos privilegiados, como Ted Kennedy – Ted Kennedy, *aquele* Ted Kennedy! –, cuspia condenações sobre o comportamento de um homem em relação a uma mulher. Foi algo que me deixou enojado".

Daí em diante, Breitbart passa a achar que o *establishment* americano está impregnado de uma cultura progressista hipócrita e elitista, que dita os termos do discurso público e persegue sem piedade todos aqueles que não se conformam com seus dogmas politicamente corretos. Em seu livro-manifesto de 2011, *Righteous Indignation* [Indignação justificada], Breitbart reconstrói a gênese complexa da hegemonia cultural da esquerda americana. Segundo ele, tudo começou com os teóricos da Escola de Frankfurt, exilados na América para fugir das perseguições nazistas.

Esses filósofos, como Adorno, Horkheimer, Marcuse, abertamente marxistas, teriam por objetivo inicial minar as bases da sociedade de consumo americana, com sua teoria crítica destinada a lançar luz sobre a natureza alienante do capitalismo. Em pouco tempo, suas ideias foram difundidas nas universidades americanas, tornando-se a base da contestação estudantil dos anos 1960, para, em seguida, imiscuir-se, à medida que os ex-alunos seguiam suas carreiras, nas redações dos jornais, em Hollywood e nas cúpulas do poder político.

Assim nasceria aquilo que Breitbart define como Democrat Media Complex, máquina inexorável que traça as fronteiras do justo e do injusto, do dizível e do indizível, e persegue ferozmente todos os hereges e iconoclastas, sobretudo os de direita. Combater essa máquina em seu próprio terreno, através das mídias tradicionais e da indústria do entretenimento, é uma batalha perdida antes mesmo de iniciada: nesses mundos, o pensamento único progressista se enraizou a ponto de virar uma segunda natureza para aquele que está em seu centro.

A internet, ao contrário, é um território ainda livre. Uma fronteira inexplorada e selvagem, na qual a hegemonia do politicamente correto não teve tempo de se plantar. É, portanto, ali que Breitbart decide abrir as hostilidades: "Estou em guerra contra o Democrat Media Complex", declara. "Eles sabem disso. E eu sei. É uma guerra aberta, e eu quero que desça a Estrela da Morte".[17]

---

[17] Referência à estação espacial bélica da franquia *Guerra nas Estrelas*. De forma esférica e com diâmetro que varia entre 100 km e 900 km,

Desde o começo, Breitbart joga o jogo em alto nível. Em 1995, ajuda Matt Drudge a lançar seu site na internet, o Drudge Report, que pouco tempo depois revelará ao mundo a relação de Bill Clinton com Monica Lewinsky. Alguns anos mais tarde, ele participa, com Arianna Huffington, do lançamento do Huffington Post. Por meio dessas experiências, Breitbart põe em funcionamento as técnicas fundamentais da guerrilha virtual: como achar as informações e captar atenção num meio altamente competitivo; como virar contra as mídias tradicionais o reflexo do que elas próprias noticiam; como multiplicar os cliques e os compartilhamentos até gerar um verdadeiro movimento de opinião.

Em 2005, Breitbart decide engajar-se individualmente na guerrilha ao fundar o Breitbart News, um site cuja ambição é ser o Huffington Post da direita. Sua força não está tanto na capacidade de pinçar informações, mas, acima de tudo, na habilidade de inseri-las dentro de uma narrativa coerente. Claro, um furo de notícia de tempos em tempos pode ser útil. Mas ele só servirá à causa se for uma faceta da guerra contra a hegemonia progressista. Recuperar a cultura é a obsessão de Breitbart. É por isso que ele dá destaque, nas atualidades que publica, a problemas de imigração, ao terrorismo, à crise dos valores tradicionais, tudo no esquema mais geral de uma única grande batalha contra o *establishment*, que inclui tanto democratas quanto

---

dependendo do episódio/filme, a Estrela da Morte é capaz de pulverizar um planeta inteiro com seus superlasers. [N.E.]

republicanos moderados, ambos escravos da ortodoxia do pensamento único.

É durante esse período que suas relações com Bannon se tornam mais estreitas. Ambos partilham claramente a mesma visão de mundo. Assim, Bannon decide hospedar a redação de Breitbart em seus escritórios de Los Angeles e, em 2011, o apresenta a Robert Mercer, um milionário que aceita financiar a empresa, injetando nela dez milhões de dólares.

O site logo experimenta plena ascensão. Semeia escândalos – como o que revela o exibicionismo do deputado Anthony Weiner, jovem *protegé* dos Clinton – e se afirma rapidamente como um dos pontos de referência da direita radical americana. Mas, em 1º de março de 2012, a parceria entre Breitbart e Bannon se encerra de maneira trágica, quando o primeiro morre de parada cardíaca.

Sozinho, Bannon é forçado a tomar as rédeas do Breitbart News, o que faz com a energia habitual. "*Facts get shares; opinions get shrugs*" é seu slogan: algo como "Fatos ganham cliques; opiniões ganham desdém". Bannon é um ideólogo tão convencido por suas próprias ideias que chega às vezes ao fanatismo – mas sabe muito bem que os velhos argumentos não bastam para ganhar a batalha cultural contra o *establishment*.

Tomemos como exemplo o casal Clinton, a dupla de poder inoxidável que, à época, reina em Washington há vinte anos e representa a besta-fera a ser abatida pela direita americana. Para fazê-lo – o que é indispensável, pois Hillary está na *pole position* para a sucessão a Obama – não se deve deixar cegar pelo ódio. Há duas décadas, os inimigos dos Clinton espalham as teorias mais inverossímeis, acusando-os de todos os tipos de perversidades, com o único resultado de se desacreditar, sem conseguir atingir o casal democrata. Agora, pensa Bannon, é preciso sair do gueto umbilical dos profissionais do ódio, a quem ninguém escuta mais, e conquistar a opinião pública num sentido mais abrangente. É a única maneira de juntar novos elementos à luta: construir meticulosamente um dossiê, com base em fatos reais, que desmoralize os Clinton aos olhos de seus próprios apoiadores, a começar pelas mídias do *establishment*.

Eis por que Bannon funda um *think tank*, o "Government Accountability Institute", dirigido por Peter Schweizer. Com o apoio de Bannon, Schweizer passa meses acumulando informações sobre a "Clinton Global Initiative", fundação de Bill que recolhe centenas de milhões de dólares por ano por meio de financiamentos vindos do mundo inteiro. Essa organização é o alicerce material do casal, mas também a plataforma de lançamento para a candidatura de Hillary às eleições presidenciais de 2016. Falando com os "gargantas profundas" do círculo clintoniano e cruzando os nós mais recônditos da Deep Web, Schweizer reconstitui certas passagens mais obscuras das atividades da CGI. Quando, por exemplo, o magnata das minas canadenses Frank Giustra doa milhões à fundação e depois, a bordo de seu jatinho, leva Bill Clinton para jantar com o ditador cazaque Nazarbayev, obtendo uma concessão para a exploração de jazidas de urânio no país. Ou na ocasião em que um outro doador financeiro da fundação obtém, em troca de seu altruísmo, a concessão da rede de dados móveis do Haiti, onde Bill coordena esforços de reconstrução depois do grande terremoto de 2010. Sem falar nas dezenas de bilionários com reputação duvidosa que financiam a fundação, ou dos cachês que Bill embolsa mundo afora por eventos públicos organizados em favor de algumas das piores ditaduras do planeta.

Os frutos dessa meticulosa investigação foram reunidos num livro, *Clinton Cash*, que iria se tornar um dos principais dossiês contra Hillary, combustível suficiente para alimentar, num primeiro momento, o desafio lançado por Bernie Sanders à esquerda, e, num segundo momento, a investida de Donald Trump.

Em vez de lançar o livro na plataforma Breitbart, o que o condenaria a ficar confinado às mídias de direita, Bannon decide dar exclusividade aos porta-vozes mais detestados do *establishment*: o primeiro entre eles, claro, foi o *New York Times*. Desde o início, as revelações contidas nos originais de *Clinton Cash* têm um impacto imenso sobre a opinião pública. Os clintonianos tentam desacreditar o livro, como já haviam feito em muitos outros casos, mas sem sucesso: os fatos revelados por Schweizer são muito bem documentados.

Nesse estágio, só resta às grandes mídias seguir as pistas lançadas por Bannon. E ele exulta: "Nós temos os 15 melhores repórteres investigativos dos 15 melhores jornais do país no encalço de Hillary Clinton!". Claro, ele terá, em seguida, todo o tempo do mundo para desenvolver esse filão no "Breitbart", transformando cada acusação contra Hillary numa grande balbúrdia destinada a gerar milhões de cliques – pois, por trás dessa fachada respeitável,

Bannon utilizava nos EUA as lições de sua breve incursão no mundo dos videogames. Ele sabe que, sob a superfície da web, agitam-se correntes invisíveis mas muito poderosas, alimentadas pela frustração de milhões de indivíduos que se sentem à margem da sociedade e pela "cólera inata e surda" da América, da qual já falava Philip Roth em *Pastoral americana*. Ele crê ter encontrado, enfim, a isca ideal para pescar esse sentimento.

No início de 2013, a isca se materializa, de repente, na forma inesperada da pessoa de Zoe Quinn, desenvolvedora que está na origem de um videogame insólito. O jogo, "Depression Quest", é um tipo de imersão virtual no mundo da depressão, que Quinn conhece por experiência própria. O objetivo é demonstrar que um videogame poderia ser algo mais que aventuras de soldados, ninjas e guerreiros medievais, e que as mulheres seriam capazes de trazer uma contribuição preciosa.

Os *gamers*, jogadores "de raiz", não recebem bem a novidade. Para eles, puristas, videogames são aventuras violentas, reservadas essencialmente aos homens, e devem continuar assim. Quinn começa então a ser objeto de ataques na internet, que se transformam num furacão quando seu ex-namorado escreve uma mensagem sustentando que ela teria obtido comentários positivos sobre "Depression Quest" graças à sua relação com um jornalista. O "ex" assina, desse modo, a autoria do primeiro tiro do bombardeio de *gamers* que, às centenas de milhares, disparam insultos e ameaças de morte contra Zoe Quinn. "Da próxima vez em que você aparecer numa conferência, vamos atingir seu cérebro", escreve um deles. "Você terá sequelas permanentes mas não graves o suficiente para impedir que continue a ter medo de nós para o resto de sua vida". O ator Adam Baldwin chega a criar o hashtag #gamergate, no Twitter, para coordenar os ataques. Os *trolls* descobrem e compartilham o endereço e outras informações pessoais sobre Quinn nas redes, a ponto de ela ser obrigada a deixar sua casa. Todos os que tentam defendê-la se tornam, por sua vez, alvos de ataques violentíssimos. Entre setembro e outubro de 2014, são criados, só no Twitter, mais de dois milhões de mensagens contendo a hashtag #gamergate.

Não se trata mais de uma controvérsia. É uma guerra aberta. E o objeto de contestação vai bem além do caso específico. O verdadeiro problema é o seguinte: a quem pertence o mundo dos videogames? A todos aqueles, homens e mulheres, que querem participar, trazendo suas ideias e suas paixões? Ou ao núcleo de *gamers* puros e duros, alguns milhões de jovens ligados entre si por uma subcultura misógina e violenta – cultivada por anos de prática na internet e trocas nas plataformas como 4chan, 8chan e Reddit?

Essa guerra poderia se limitar ao mundo dos videogames. Mas não contava com Steve Bannon, que, fiel a seu personagem, passa por aquelas paragens com uma caixa de fósforos na mão. Para ele, o Gamergate é a chance sonhada para enfim recrutar os *gamers* na batalha contra o *establishment* político e midiático.

É assim que entra em cena Milo Yiannopoulos, de longe o personagem mais pitoresco da galeria de engenheiros do caos, apesar de essa ser um manancial de tipos. Inglês de trinta anos, homossexual, belo rapaz monstruosamente seguro de si, Milo, como chama a si próprio, é o cofundador de uma revista on-line dedicada às novas tecnologias, "The Kernel", que ficou conhecida pelo seu *approach* irreverente. Seus admiradores o definem como "o cruzamento entre um pitbull e Oscar Wilde", enquanto, aos olhos de seus adversários, ele é só um Narciso cínico, capaz de tudo para atrair atenção e impressionar seu público.

Seja o que for, Yiannopoulos compreende que o Gamergate é um imenso movimento sem rosto e decide se tornar esse rosto. Começa a espalhar que, nessa história, as verdadeiras vítimas não são Quinn e outros desenvolvedores e jornalistas, quase todos mulheres, apesar de terem sido alvos de milhares de insultos e ameaças. Não, as verdadeiras vítimas são eles mesmos, os *trolls*, esses guerreiros contemporâneos que se batem contra a censura progressista em nome da liberdade de expressão que, para Milo, deve ser absoluta. "Há um exército de programadoras e de ativistas feministas psicopatas", escreve, "protegidas por blogueiros escravos do politicamente correto, que procura tomar conta da cultura dos videogames". Nada mais normal, assim, que, diante de uma ofensiva desse gênero, os *gamers* procurem se defender.

Não é nenhuma surpresa que uma posição como essa seja capaz de atrair a atenção de Bannon. Aí está, finalmente, o elo que falta entre sua guerra contra o *establishment* e as massas desocupadas de *trolls* e *gamers*. Assim dito, assim feito: Bannon convoca Milo a seus escritórios em Washington.

"Quando eu o encontrei pela primeira vez, recorda, vi um personagem capaz de fazer conexões culturais como Andrew Breitbart. Ele tinha a coragem, o cérebro, o carisma

– existe alguma coisa especial nas pessoas desse tipo. Elas têm, simplesmente, uma engrenagem extra. A diferença é que Andrew possuía um universo moral muito forte, enquanto Milo é um niilista imoral. Eu soube desde o primeiro instante que ele seria um fantástico meteorito."

Enquanto espera o meteorito Milo cumprir sua trajetória, Bannon se empenha em captar sua energia. Milo é posto no comando de uma nova seção do site "Breitbart Tech" com uma missão bem precisa: "Você deve mobilizar esse exército. Vamos fazê-lo entrar pelo Gamergate ou outro caminho, e depois convertê-lo à política e a Trump".

Milo não precisa ouvir duas vezes. "Nossos leitores estão cansados de serem taxados de *trolls*, de assediadores ou de misóginos somente porque não se conformam com as opiniões dos jornalistas", proclama num vídeo de lançamento do "Breitbart Tech". "Nós queremos assumir a defesa dos usuários do 4chan que desejam ficar anônimos, dos usuários do Reddit que lutam contra moderadores invasivos. Defenderemos os *gamers* contra todos aqueles que são estúpidos o suficiente para azucriná-los."

Para Milo, assim como para Bannon, a batalha dos *gamers* integra um contexto mais amplo. As liberdades fundamentais, a começar pela liberdade de expressão, estão ameaçadas pela ortodoxia progressista. Assim, "os dissidentes anônimos de hoje" seriam como os autores dos *Federalist Papers*, os fundadores da democracia americana Alexander Hamilton e James Madison, que, no início, também escreveram utilizando pseudônimos.

Para evitar mal-entendidos, no dia do lançamento do Breitbart Tech, o site publica uma entrevista exclusiva com

Donald Trump. "Com exceção de Hillary Clinton, graças ao escândalo de seus e-mails", anuncia ironicamente a abertura da entrevista, "poucos candidatos à presidência se expressaram sobre temas tecnológicos durante esta campanha. Como comprova a entrevista exclusiva concedida por Donald Trump, em que fala sobre hacking, ciberguerra e inteligência artificial".

A mensagem que o "Breitbart" faz passar aos *gamers* e a outros oriundos do universo digital é clara: seu mundo está em perigo, a poderosa máquina do politicamente correto e de censores democratas quer tirar tudo que você mais preza, a liberdade de expressão, o anonimato, ou seja, a essência do que vem definindo até aqui a cibercultura. O único meio de se salvar é fazer política. Unam-se a nós e a Trump para combater o *establishment*, as mídias e a política tradicional, para defender seus direitos e sua identidade.

Assim o soberanismo clássico se casa com a forma mais contemporânea de soberanismo digital. Ser "dono de si" não vale apenas para a fronteira com o México ou para as entradas de muçulmanos no país. Vale também para o ciberespaço, que deve continuar como é, sem interferências.

Os *trolls* são abertamente convidados a entrar em guerra. E, ao mesmo tempo, Milo se expande para bem além das fronteiras dos fóruns tecnológicos, transformando-se num personagem público integral.

Contas feitas, o esquema é bem simples. Yiannopoulos é um homossexual que declara jamais trabalhar com outros homossexuais porque "eles usam muitas drogas, têm relações sexuais em excesso, nunca vão trabalhar e vivem inventando desculpas. Quase piores que as mulheres". Além disso, ele considera as lésbicas simples fanfarronas, mulheres em busca de afeto que deveriam se acalmar, pois a "homossexualidade feminina não existe geneticamente". Yiannopoulos tem uma mãe judia e um marido afro-americano, mas flerta perigosamente com movimentos supremacistas e neonazistas americanos. Um vídeo o mostra cantando "America the Beautiful" num bar, sob aclamações de um público que faz a saudação nazista. Tecnicamente, Yiannopoulos é um imigrante, mas ele se declara inteiramente favorável à construção do muro na fronteira com o México e ao banimento dos muçulmanos. De fato, Milo tem um prazer maroto em explodir os pressupostos da esquerda identitária americana: "Eu sou um imigrante judeu e gay que só dorme com homens negros e que é verdadeiramente, verdadeiramente de direita. Isso deixa eles loucos!"

Acrescentemos que Yiannopoulos é um *troll*, capaz de ser expulso do Twitter por sua campanha de injúrias contra a protagonista de *Os caça-fantasmas*. Segundo Milo, a esquerda quer ser a polícia do humor porque não consegue controlá-lo, mas, na realidade, ela se arvora em juíza da sensibilidade das pessoas, com seu habitual complexo de superioridade. Mesmo que sejam cruéis, as palavras jamais fizeram nenhum mal às pessoas, segundo Yiannopoulos, que posa como grande defensor da liberdade de expressão. "É a única coisa realmente sagrada para mim", diz. "Porque as fronteiras do que é considerado como discurso aceitável nos Estados Unidos se tornaram estreitas demais". Para Milo, o *trolling* é "uma forma de jornalismo feito por qualquer um que não está sentado numa redação", e os *trolls* são "as únicas pessoas que ainda dizem a verdade, como os bufões da Idade Média": por trás da superfície da tela, revelam a nudez do poder.

Trump, ele próprio, é um *troll*. A polêmica sobre a certidão de nascimento de Obama já é uma forma de *trolling*, e o conjunto de sua campanha oficial segue a mesma linha. Em junho de 2015, ele irrompe na campanha eleitoral com duas manobras que teriam posto fim a qualquer candidatura tradicional. Primeiro, oficializa sua participação nas primárias republicanas com um discurso, aparentemente improvisado, contra os imigrantes mexicanos que define, entre outras coisas, como "estupradores". Alguns dias depois, Trump se manifesta sobre o senador republicano John McCain, uma verdadeira instituição da política americana, com a auréola de respeito de todo o espectro constitucional. "Não é um herói de guerra", diz Trump. "Porque ele foi capturado. Eu gosto das pessoas que não se deixam capturar."

O discurso sobre os mexicanos ainda passava, mas um candidato republicano que "trola" McCain e os veteranos de guerra? Jamais se viu algo assim nas fileiras do Grand Old Party. A onda de indignação é imediata e violenta. O chefe do partido excomunga Trump em campo aberto: "Não há lugar em nosso partido ou em nosso país para comentários que ofendem aqueles que o serviram com honra". Trump entra no index de toda a classe política americana: indigno, miserável, repulsivo. Nas redações, os jornalistas exultam. Matt Taibbi, da *Rolling Stone*, relata: "Nós aguardamos agora que Donald adote a posição clássica e se submeta ao ritual expiatório das personalidades que deram um passo em falso, começando pelo Ato de Contrição Pública".

É nesse momento que Trump, na contramão, faz algo absolutamente inédito. Não tenta de forma alguma se desculpar e afirma, sem pestanejar, que jamais disse que McCain não era um herói. "Se alguém é prisioneiro, eu o considero um herói", ele diz. Como assim? Ele disse o contrário! O vídeo está aí! Os jornalistas se alarmam: como é possível que um candidato à Casa Branca negue a evidência?

E, no entanto, é assim. Trump supera o incidente McCain com a desenvoltura de um *golden retriever* e continua a conquistar apoios. Segue-se a longa série de gafes aparentes e mentiras comprovadas que o conduzirão triunfalmente às eleições de novembro de 2016. Depois do episódio dos veteranos, vêm os insultos machistas contra uma jornalista de televisão ("ela tem sangue saindo de tudo que é lugar", diz o candidato); a imitação de um repórter com deficiência física que o criticou; os apelidos infantis com os quais ele homenageia os outros candidatos republicanos (Marco Rubio vira o "Pequeno Marco" e Ted Cruz, "Ted, o mentiroso"). Fazer campanha contra Trump significa ser arremessado num pátio de escola, onde o valentão da classe é semianalfabeto, mas também – sabe-se lá como – incrivelmente eficaz na arte de ridicularizar a professora e os intelectuais de óculos.

Os iniciados ficam desconcertados, mas o público adora (isso sem falar nos *gamers*...) e recompensa seu favorito com classificações cada vez mais altas, permitindo a ele fazer campanhas com uma fração do dinheiro utilizado pelos outros para promover suas candidaturas.

O megafone de Trump é a incredulidade e a indignação das mídias tradicionais que caem em todas as suas provocações. Elas fazem publicidade para ele e, sobretudo, dão credibilidade à sua reivindicação, *a priori* absurda para um bilionário nova-iorquino, de ser o candidato anti-*establishment*.

Sem os gritos cotidianos e escandalizados dos comentaristas políticos, os *insiders* de Washington e os intelectuais vestidos de preto, seria difícil para Trump credenciar-se como porta-estandarte da raiva dos abandonados contra o sistema. Nessas condições, ao contrário, tudo fica mais fácil. Basta aos telespectadores da América rural observar a reação chocada das elites urbanas face à candidatura de The Donald para se convencerem de que, realmente, esse homem pode representar seu cansaço com tudo o que vem de Washington.

A campanha de Hillary emprega mais de mil pessoas. A de Trump, dez vezes menos. De fato, ele só precisa ser ele mesmo para catalisar a atenção das mídias e do público, enquanto os "estrategistas" de Hillary informam que "estão trabalhando para que ela pareça mais espontânea."

O grande mérito de Trump é, no fundo, o de ter entendido que a campanha eleitoral era um formato televisivo de mentirinha, produzido por diletantes e pondo em cena personagens tristes e sem vida, que não teriam provavelmente passado numa pré-seleção da Roda da Fortuna, e ainda menos nas de um reality show seguido por milhões de fãs de Kim Kardashian e de Justin Bieber.

É nessa paisagem morna, dominada por diretores e atores de segunda categoria – a péssima Clinton, o péssimo Bush e algumas aparições improvisadas de personagens com o entusiasmo dos que fazem a fila no correio, pensando "mais cedo ou mais tarde, minha vez vai chegar" – que Trump surge no salão como Clint Eastwood num filme de faroeste.

"Eu trabalho no mundo da dramaturgia há dez anos", declarou um produtor ao *New York Times*, "e posso dizer a vocês que Donald é exatamente o que procuramos em nossos *castings*. Ele não é complicado e é autêntico. Você pode entender sua personalidade ouvindo-o falar por quinze segundos. Seu emblema é a autopromoção. Seus prédios são altos e dourados, com o nome TRUMP escrito em letras maiúsculas e garrafais [...] Durante as campanhas políticas, há conflitos, mas esses são às vezes nuançados demais para o grande público. Trump resolveu o problema. Seus insultos pessoais viraram sua marca singular. Até quando ele diz se conter, como quando declara, a respeito do senador Rand Paul: 'Eu nunca o ataquei por causa de seu físico – e, no entanto, acreditem, motivo não faltaria'".

Na América de 2016, os critérios de avaliação dos políticos passaram a ser os mesmos utilizados para as outras celebridades: primeiro, a capacidade de atrair atenção – e nesse quesito Donald é um mestre; em segundo lugar, a capacidade de identificação – "o quanto eu me reconheço nele?".

A autenticidade dos participantes é a obsessão de todos os reality shows. É essa mesma condição que, como que por acaso, virou a preocupação principal dos eleitores em relação àqueles que participam do reality show da política.

Sob esse perfil, a postura de Trump é calcada, obviamente, num componente de encenação, mas ela contém também um verdadeiro elemento de espontaneidade. Bem antes de ele ser candidato, um investidor estrangeiro um dia lhe perguntou o que quer dizer "*white trash*", alcunha ofensiva usada por alguns esnobes para se referir aos brancos do Meio-Oeste, vistos como incultos e geralmente obesos, a maior parte do tempo inertes diante da TV. "São pessoas exatamente como eu", respondeu Trump, "com a diferença de que são pobres".

Por meio da brutalidade de sua linguagem e de suas provocações, através de seus discursos improvisados e de seus *tweets*, de suas piadas injuriosas e suas fanfarronices ingênuas, Trump exprime uma autenticidade que o distingue dos políticos profissionais, em torno dos quais o mundo parece deslizar com a costumeira e inabalável indiferença.

Donald é, com certeza, um pouco louco, mas é uma pessoa de verdade, não a montagem artificial de conselhos de assessores. Ele diz as coisas como elas são. Não tem tempo para o politicamente correto e para essa América que, afirma, se perde em tagarelices sobre os banheiros transgênero e as hortas biológicas enquanto as fábricas fecham e os empregos são transferidos para o México e o extremo-oriente. O estilo agressivo de Trump transmite um sentimento de força. De que ele, sem medo de desafiar as convenções, lutará com a mesma energia para mudar as coisas.

Não espanta que essa atitude conquiste a adesão de Milo e da vasta comunidade de *gamers* os mais radicais. Durante toda a campanha, Trump continuará a cimentar essa aliança, retuitando regularmente mensagens vindas dos redutos mais remotos da blogosfera. Em troca, os *gamers* e blogueiros da direita alternativa vão oferecer ao candidato republicano diversos serviços essenciais. Num primeiro momento, criarão slogans e campanhas virtuais. Também vão romper numerosos tabus e agir de maneira que as opiniões antes julgadas extremas impregnem o debate público. Em parte, graças à força das redes sociais, mas também aos reflexos condicionados das mídias tradicionais, que caem direitinho em todas as armadilhas ao repercutir, indignadas, qualquer tipo de provocação.

O modelo Milo coincide com o modelo Trump. Nenhum dos dois poderia funcionar sem os gritos de indignação do *establishment*, que, de um lado, propagam os argumentos da nova direita e, do outro, confirmam que tais ideias são, efetivamente, antissistema. Como o cardeal Mazarin, que tinha como preceito *"ex inimici salus mea"*, a salvação de Donald Trump vem, antes de tudo, de seus inimigos. Um bilionário poderia parecer não confiável aos olhos da gente comum, mas a hostilidade violentíssima do *establishment* e dos jornalistas contra ele encheu seus galões de combustível fornecido pelo eleitorado popular.

A contribuição das tropas digitais de Bannon e Milo não se limita a esse aspecto. Ao investir maciçamente em sites de informação e em redes sociais, os *trolls* da direita alternativa criam um clima de intimidação na internet. Assim, qualquer observador ou jornalista que ouse tomar posição contra eles é bombardeado por insultos e ameaças. É o esquadrismo on-line, praticado há muito tempo pelos *trolls* populistas na Itália. Contribui para influenciar o clima, a atmosfera na qual o debate é conduzido. Ou, melhor ainda, impede qualquer debate de fundo. A Liga

Antidifamação calculou que 2,6 milhões de *tweets* antissemitas foram difundidos na internet durante a campanha, a maior parte enviados a jornalistas e personalidades que se opunham a Trump.

As hordas digitais prestam também serviços mais pontuais ao candidato republicano. No primeiro debate televisivo com Hillary, por exemplo, eles se mobilizam para alterar os resultados das sondagens on-line feitas pelos principais órgãos de imprensa. É assim que, mesmo se perde nas sondagens telefônicas tradicionais, Trump triunfa naquela noite em todos os resultados on-line. *Time*, *CNBC*, *Fortune*, *The Hill* e os outros veículos de imprensa com base na internet o declaram vencedor, e o próprio candidato pode, sem medo, tuitar: "Realmente, uma grande honra. As pesquisas sobre o debate dizem que o MOVIMENTO é vencedor!".

Nos próximos capítulos, veremos que a campanha de Trump recorreu, na internet, a outras ferramentas, mais sofisticadas, para promover o candidato republicano e desencorajar os apoiadores de Hillary. E diferentes investigações em curso nos Estados Unidos estão demonstrando o papel desempenhado pela Rússia durante as eleições. Mas, na origem, o triunfo inesperado do candidato mais improvável às presidenciais de 2016 continua, antes de tudo, a ser fruto de uma operação política e cultural por muito tempo dissimulada, antes de emergir à luz do dia.

Por isso, quando, no primeiro encontro cara a cara entre os dois candidatos à Casa Branca, Hillary Clinton acusa Trump de viver em sua própria realidade, Steve

Bannon não consegue evitar um sorriso. É certo que Donald tem "uma concepção narrativa da verdade", que lhe permite adotar um comportamento bastante criativo em comparação aos fatos reais. Mas a realidade na qual ele vive, e que constrói dia após dia com seus *one man shows* improvisados e seu fluxo contínuo de *tweets*, coincide com a de milhões de eleitores, espalhados pelos quarenta estados que não dão nem para o Atlântico nem para o Pacífico. E que os habitantes privilegiados das regiões costeiras apelidam, com desprezo, de *flyovers* (ou "sobrevoados"). Milhões de homens americanos, brancos, trabalhadores, habituados, há gerações, a se considerarem a espinha dorsal da nação. E que, de repente, se tornaram motivo de embaraço para as "classes criativas multiétnicas que dominam a economia e as mídias enquanto bebericam *capuccinos* e sucos de fruta orgânicos nos cafés de Manhattan e de Palo Alto".

Hillary e os liberais,[18] que falam frequentemente de *fake news* e de bolhas informativas, não haviam compreendido ainda o problema. Claro, os filtros cognitivos existem. Mas a verdadeira bolha, aquela que impede que se apreenda corretamente a realidade no outono de 2016, não é a formada

---

[18] Vale lembrar que, neste livro, o autor emprega o termo "liberal" com um sentido mais amplo do que o de sua faceta que vem ganhando destaque no debate político brasileiro: a do liberalismo *econômico*. Este, por sua vez, é comumente associado ao neoliberalismo. Segundo o Dicionário Houaiss, o *liberalismo* é uma "doutrina baseada na defesa da liberdade individual, nos campos econômico, político, religioso e intelectual, contra as ingerências e atitudes coercitivas do poder estatal". [N.E.]

por Trump, o Breitbart e a galáxia de sites conspiracionistas da direita alternativa americana. É a bolha dos democratas, dos liberais e das mídias das costas Leste e Oeste que repetem, incansavelmente, que é impossível chegar à Casa Branca insultando minorias, mulheres, imigrantes e deficientes. Prova de uma incompetência sem precedentes.

"É um grupo de pessoas que falam entre si e que não têm a menor ideia do que se passa. Se o *New York Times* não existisse, CNN e MSNBC não saberiam o que fazer. O *Huffington Post* e todo o resto se baseiam no *NYT*. É um circuito fechado, do qual Hillary Clinton tira todas as suas informações – e no qual baseia sua segurança. É essa a nossa oportunidade." Essa foi a intuição capital de Bannon: a vitória de Trump é possível porque o *mainstream* não consegue sequer imaginá-la. "Se eles dizem que não é possível, significa que nós podemos chegar lá."

5

UM ESTRANHO CASAL
EM BUDAPESTE

ONZE DE JANEIRO DE 2015 é um dia especial. Uma cidade, Paris – e com ela a França inteira –, desperta após o horror do atentado à redação do *Charlie Hebdo*. O presidente François Hollande convida chefes de Estado e de governo do mundo inteiro a unir-se a ele para aquela que será a maior manifestação vista nas ruas de Paris desde a Libertação, em 1944. Dois milhões de pessoas desfilam ao longo do *boulevard* que leva o nome do autor do *Tratado sobre a tolerância*, Voltaire. O primeiro-ministro inglês, a chanceler alemã, o presidente do conselho italiano, unidos, abraçam emocionados seu colega francês. Já percebem, talvez, que foram lançados, pela segunda vez desde o 11 de Setembro de 2001, numa época imprevisível, violenta, que vai, em breve, atingi-los. Mas escolheram, por ora, entrar juntos na tempestade e brandir com força os valores de liberdade e de abertura que marcaram a construção europeia em seus melhores momentos.

Só um homem, entre todos os líderes europeus, mantém certa distância. E não é por timidez. Muito pelo contrário, Viktor Orban revelou-se ao mundo numa manifestação na primavera de 1989. Na época com 26 anos, ele gritou, de um palanque instalado na Praça dos Heróis em Budapeste, palavras de ordem exigindo a liberdade de seu povo e a retirada imediata das tropas soviéticas do território húngaro. Mas naquele dia, em Paris, Orban se recusa a jogar o jogo. "O espírito de 11 de janeiro" é muito pouco para ele. Orban deseja, mesmo, é marcar sua diferença. "A imigração econômica", declara, à margem da manifestação, "é uma coisa ruim para a Europa. Nós não deveríamos reconhecer nela nenhum mérito, porque só traz desordem e perigo aos povos europeus [...] Enquanto eu for o primeiro-ministro e meu governo estiver constituído, não permitiremos que a Hungria se torne o destino de imigrantes nas bases pensadas por Bruxelas. Não queremos entre nós nenhuma minoria com patrimônio cultural diferente do nosso. Nós queremos que a Hungria continue a ser dos húngaros."

Quando Orban pronuncia essas palavras em Paris, a imigração ainda está bem distante das preocupações dos húngaros. As pesquisas dizem que apenas 3% dos eleitores consideram o tema prioritário. Mas, bruxo político visionário, o primeiro-ministro sabe que se encontra, aí, um filão de ouro. Basta explorá-lo, e ele sabe como – e, sobretudo, com quem – fazê-lo.

À primeira vista, Arthur Finkelstein é a antítese de Viktor Orban. Se um é barulhento e falastrão, outro é reservado e obcecado pela discrição. A CNN chegou a compará-lo a Keyser Söze, o vilão do filme *Os suspeitos* que ninguém jamais encontrou pessoalmente: "Digno de Hollywood, um personagem capaz de abater o adversário mais forte, mas tão secreto que pouquíssimos tiveram a chance de vê-lo realmente". Assim, depois de quarenta anos de carreira passados nas altas esferas do poder, existem raras fotos e entrevistas de Finkelstein para comprová-lo. Quando ele vai a um hotel, registra-se sob uma identidade que não é a sua, e a sociedade da qual é dono não leva seu nome. Se Viktor reivindica origens provincianas, com seu estilo rude e viril de ex-jogador de futebol que a vida endureceu à base de golpes nas tíbias, Arthur é um judeu homossexual de Nova York apaixonado por ópera e literatura russa.

E, no entanto, mesmo que tudo os separe, os dois foram feitos um para o outro. Como Orban, Finkelstein é uma criança prodígio que milita, desde muito jovem, na ala dura do Partido Republicano. Sem ter completado vinte anos já trabalha para Barry Goldwater, o candidato ultraconservador à Casa Branca, depois para Richard Nixon. Em 1976, tem um papel decisivo na campanha para as primárias que projeta, pela primeira vez, o governador da Califórnia Ronald Reagan na cena nacional. Quatro anos mais tarde, ele irá se tornar um dos seus conselheiros políticos mais próximos na Casa Branca, desenvolvendo uma atividade de comitê que o fará eleger dezenas de membros do Congresso e de governadores de vários estados americanos.

Já nessa época, seu método é o *microtargeting*. Ou seja, análises demográficas sofisticadas e sondagens de boca de urna entre os eleitores das primárias, que vão permitir identificar os diversos grupos para os quais devem ser enviadas mensagens segmentadas. O Facebook ainda está longe, mas Finkelstein utiliza maciçamente as cartas em papel e o telemarketing para mapear os partidários em potencial de seus clientes. A uns ele envia mensagens mais moderadas; com outros, pesa nas tintas e acentua certos aspectos do programa ou da personalidade dos candidatos que eles apoiam. Mas o verdadeiro talento de Finkelstein consiste, desde o começo, não tanto em promover seu candidato, mas em destruir seu adversário. Nas suas mãos, as *negative campaigns*, que se lançam ao ataque jogando os holofotes sobre os defeitos dos oponentes, viram uma forma de arte. Quando, por exemplo, é o caso de eleger Al D'Amato, um republicano sem nenhum carisma, numa circunscrição de forte tendência democrata, Finkelstein explica: "Eu não tinha muito material para trabalhar. Se você conhece D'Amato, você sabe do que estou falando. Eu não podia, portanto, pôr suas qualidades em evidência. Então, decidi mostrá-lo o menos possível. Eu jamais o levei aos estúdios de televisão. Nem uma única vez". Por outro lado, demolir seus adversários não foi difícil. Primeiro, elimina-se o senador em fim de mandato, um membro da classe A de certa idade descrito por Finkelstein como uma espécie de cadáver ambulante. Depois, ataca-se o rival democrata de D'Amato, o procurador-geral do Estado. "Um liberal sem qualquer esperança", nas palavras de Finkelstein – o que, na sua linguagem, significa um elitista hipócrita, alheio à realidade e ocupado em ditar leis com o dedo mindinho levantado, enquanto a verdadeira América fundamenta desde sempre sua grandeza na iniciativa pessoal, livre de regras e de burocracia.

Para insistir nesse ponto, Finkelstein grava um anúncio na TV. Mas ele não o faz com D'Amato, sempre cuidadosamente mantido longe das câmeras, mas com a mãe do candidato, municiada de sacolas de supermercado. Ela encarna, assim, as dificuldades da vida cotidiana da gente simples ignorada pela esquerda caviar. No decorrer dessa campanha, como em dezenas de outras, Finkelstein transforma o adjetivo "liberal" em insulto. Ao fazê-lo, ele contribui para a vitória de um batalhão de candidatos ultraconservadores e para a derrota de verdadeiros ícones do Partido Democrata, como Frank Church, George McGovern e Mario Cuomo – "liberal demais e durante muito tempo" é o slogan vencedor que Finkelstein murmura no ouvido de seu adversário desconhecido, George Pataki.

Em poucas décadas, Finkelstein vira uma lenda nos primeiros círculos do poder republicano e forma uma geração inteira de *spin doctors*, que terão em seguida um papel central nas vitórias sucessivas de George W. Bush e Donald Trump. Os dois principais assessores indiciados no inquérito sobre a interferência russa em favor de Trump, Paul Manafort e Roger Stone, foram, ambos, formados na escola de Finkelstein.

Em meados dos anos 1990, Finkelstein começa também a exportar seus dons para além das fronteiras dos Estados Unidos. Em 1996 ele desembarca em Israel, onde encontra uma situação ainda mais explosiva que de hábito. O primeiro-ministro, Yitzhak Rabin, acaba de ser assassinado por um judeu fanático que se opõe aos acordos de paz que ele concluiu com os palestinos. Seu ministro das

Relações Exteriores, o prêmio Nobel da Paz Shimon Peres, o sucede. Peres é uma figura moderada, mundialmente reconhecida, para quem todos preveem uma vitória com folga nas próximas eleições, marcadas para a primavera. Mas Finkelstein não se deixa abater. Seu candidato, Benjamin – vulgo "Bibi" – Netanyahu é considerado um extremista inexperiente e pouco confiável. Num primeiro momento, Arthur o obriga a manter os cabelos grisalhos, para lhe dar uma aparência mais respeitável. "O aspecto físico é importante", ele diz. "O candidato mais alto ganha as eleições em 75% dos casos". Em seguida, inicia o trabalho habitual de demolição do adversário. "Peres quer dividir Jerusalém" e dar a metade da cidade aos palestinos: eis sua linha de ataque.

Com uma campanha violentíssima, totalmente inédita em Israel, Finkelstein pinta Shimon Peres como um traidor da pátria, impregnado das habituais ilusões piedosas que caracterizam os liberais do mundo inteiro. No lado oposto, o slogan criado para o candidato conservador é simples e eficaz: "Netanyahu é bom para os judeus". Em suma, só ele é um verdadeiro patriota, e só aqueles que estão com ele podem ser considerados como judeus de verdade. Os outros nada mais são que liberais, frágeis, ou, pior, cúmplices dos árabes. Pouco importa se 20% dos israelenses são, eles próprios, árabes. Se ainda assim é possível cimentar o bloco do verdadeiro povo israelense por trás de seu candidato, Finkelstein renuncia sem problemas, e com o coração leve, aos seus votos. Espantosamente, a manobra funciona: Netanyahu conquista a maioria graças a um punhado de votos de diferença e é eleito primeiro-ministro.

Nos anos seguintes, Bibi continuará a fortalecer sua hegemonia política utilizando a simples linha divisória estabelecida por Finkelstein: nós contra eles, eles contra nós, o povo de um lado, seus inimigos do outro. Quem não está com Netanyahu não é um judeu de verdade.

Durante esse período, a lenda de Arthur Finkelstein, o Keyser Söze da direita nacionalista, continua a crescer até atingir as fronteiras do Leste Europeu e do extinto império soviético. O *spin doctor* corre de um lado para o outro, da República Tcheca à Ucrânia, da Áustria ao Azerbaijão, e onde quer que vá exibe seus talentos em campanhas difamatórias. Às vezes com leveza, como na Albânia, onde produz uma peça publicitária que põe lado a lado um lutador de sumô, um canguru e o adversário de Finkelstein. "O que estes personagens têm em comum?", pergunta a voz em off. "Nenhum deles sabe nada sobre a Albânia". Ao recordar a campanha, Finkelstein ri até hoje. "O candidato se irritou", conta. "Convocou uma entrevista coletiva para dizer que nós o havíamos comparado a um animal, a um canguru! Depois disso é que todo mundo queria mesmo ver o anúncio." Em outros contextos, uma abordagem mais dura se impõe. Em 2009, Finkelstein chega à Hungria, onde o aguarda aquele que será seu principal cliente e, talvez, o espírito político mais próximo do seu na cena internacional.

Como Finkelstein, Orban é um discípulo de Carl Schmitt – a política consiste, antes de tudo, em identificar o inimigo. É sobre essa ação fundamental que se constroem um percurso e uma comunidade de pessoas unidas numa mesma luta.

Em 2009, o inimigo é identificado com clareza. É a Europa, que não poupou a Hungria da humilhação de uma crise financeira da qual ela só consegue sair com a ajuda do FMI, que impõe medidas de austeridade que sacrificam as classes médias. No comando do país está Gordon Bajnai, um tecnocrata empurrado por Bruxelas e pelos mercados, que começa a reduzir salários do funcionalismo e aposentadorias.

Orban, que já governou a Hungria durante quatro anos com uma plataforma nitidamente pró-europeia, entendeu que é chegado o momento de virar o leme. Com a ajuda de Finkelstein, ele constrói uma campanha intensiva contra os liberais que traíram o povo e conduziram o país à bancarrota por causa de sua corrupção e da submissão aos interesses estrangeiros. A Hungria não é uma colônia, entoa Orban vigorosamente. Depois de ter suportado a ocupação dos turcos, dos habsburgos e dos soviéticos, ela não aceitará ser escrava de Bruxelas. E Bajnai, o tecnocrata sustentado pela esquerda, é uma presa fácil para a campanha negativa orquestrada por Finkelstein.

Na primavera de 2010, Orban ganha olimpicamente as eleições, conquistando 57,2% dos votos. No clima superaquecido de uma campanha negativa e raivosa, 17% dos votos vão, por sua vez, para o partido xenófobo Jobbik. Concretamente, três quartos do eleitorado escolhem, naquele ano, um partido de direita ou de extrema-direita. Os velhos partidos de centro-direita e de centro-esquerda que dominaram a cena desde 1989 foram mandados de volta para casa, e os socialistas despencam de 46% para 19%

dos votos. Assim, na Hungria se materializa, anos mais cedo, o cenário que irá se impor em seguida em outros países europeus.

Desde o início, Orban apresenta a vitória não como uma simples alternância, mas como o prelúdio da revolução que permitiu ao povo finalmente tomar o poder. Um *Manifesto pela Cooperação Nacional*, no qual "o trabalho, o lar, a família, a saúde e a ordem" são indicados como pilares do "novo sistema nascido da vontade popular", é votado pela maioria parlamentar e exibido nos prédios públicos. A Constituição é reescrita para acelerar os procedimentos (a partir de então, uma lei poderá ser aprovada em poucas horas) e para centralizar o poder (as cortes de Justiça passam a se submeter ao controle do Executivo).

Orban se apoia com firmeza no espírito de revanche de uma nação que, no dia seguinte à Primeira Guerra Mundial, foi amputada em dois terços de seu território e dois quintos de sua população. Após o Tratado de Trianon (1920), mais de três milhões de húngaros se encontram em países estrangeiros: Romênia, Tchecoslováquia e Iugoslávia. Desde sua entrada em vigor, o governo do povo de Orban confere cidadania a todos os húngaros que vivem no exterior e proclama o 4 de junho, data de assinatura do Tratado de Trianon, como "Dia da solidariedade nacional". A partir daí, os cidadãos húngaros dos países vizinhos passam a ser os componentes principais e mais sólidos do eleitorado de Orban: nas eleições de 2014, 95% deles votarão no Fidesz, partido do primeiro-ministro.

Mas é a cidadania como um todo que é mobilizada permanentemente pela "luta em prol da libertação nacional", posta em cena por Orban e seus conselheiros. Taxas especiais são impostas à atividade das multinacionais estrangeiras. Comprar terrenos agrícolas passa a ser, para os que vêm de fora, quase impossível. As mídias, privadas ou públicas, são postas sob controle do poder executivo. Tudo isso em flagrante violação das regras mais elementares do Mercado Comum europeu.

Cada vez que as instituições europeias tentam, timidamente, fazer ouvir sua voz, Orban aproveita para despertar as memórias mais dolorosas da história da pátria. "Nós conhecemos bem a natureza dessa ajuda não solicitada oferecida pelos camaradas, e nós a percebemos mesmo quando ela não se apresenta em uniformes com ombreiras, mas em ternos bem cortados", declara, por exemplo, durante a festa nacional de 2012.

Surfando na onda da luta pela libertação popular, Orban ganha de novo as eleições em 2014 e, graças à nova lei eleitoral, seus 45% de votos se transformam em 90% das cadeiras no parlamento (96 em 106). Mas, a partir desse momento, algo se quebra. Nada mais funciona: uma série de escândalos de corrupção atingem personalidades próximas do primeiro-ministro; nas eleições parciais, o Jobbik conquista cadeiras em detrimento do partido do governo; as ruas de Budapeste passam a ser palco de imensas manifestações de jovens que catalisam e tornam visível o descontentamento acumulado com o "governo do povo". Em alguns meses, o Fidesz despenca nas pesquisas até atingir o piso de 20%.

"Devemos mudar o esquema", repete Finkelstein, mesmo que Orban já tenha entendido. Num primeiro instante, ele tenta desviar o debate na direção da pena de morte. Por que não a restabelecer, para tornar ainda mais forte a retomada da revolução nacional?

Mas o público reage friamente e o debate não decola. Estranhamente, o tema não excita os espíritos. Orban e Finkelstein sabem muito bem que precisam é de um novo inimigo, e os atentados vêm como uma solução sob medida para os anseios da "causa".

Graças a um passe de mágica, o Islã, encarnado pelas fisionomias soturnas dos imigrantes chegados da África e do Oriente-Médio, passam a ser o novo inimigo número 1. O único senão é que na Hungria o problema não existe, ou é invisível. Os estrangeiros não representam mais que 1,4% da população húngara e, entre eles, a quantidade de muçulmanos é ínfima.

Pouco importa: Finkelstein jamais se deixou abater pela realidade. "A coisa mais importante", ele diz numa entrevista concedida em Praga, "é que ninguém sabe nada. Em política, o que você percebe como verdade é que é a verdade. Se eu digo a vocês que é um prazer estar aqui, porque deixei Boston, onde estava nevando e agora estou em Praga, onde o sol brilha, vocês vão acreditar. Porque vocês sabem que hoje, aqui, está fazendo um dia bonito. Se, ao contrário, eu digo que estou triste de estar aqui porque deixei Boston sob sol forte e em Praga está nevando, vocês não vão acreditar, porque basta olhar pela janela e acreditar que está nevando em Boston porque eu menti a vocês sobre Praga. É isto: um bom político é um sujeito que vai dizer uma série de coisas verdadeiras antes de começar a dizer uma série de coisas falsas, porque assim vocês vão acreditar em tudo o que ele diz, verdades ou mentiras".

Assim que Orban volta de Paris, a máquina de propaganda dá a partida. Com seus colaboradores locais, Finkelstein concebe um questionário que será enviado a todos os eleitores, dentro de uma "consulta nacional sobre o terrorismo e a imigração". Oito milhões de cidadãos recebem em sua caixa de correio um formulário oficial com questões do tipo: "Alguns dizem que existe uma ligação entre a má gestão da imigração por parte de Bruxelas e a escalada do terrorismo. Você partilha dessa opinião?".

Ao mesmo tempo, Finkelstein organiza uma gigantesca campanha publicitária com mensagens teoricamente endereçadas aos imigrantes, mas escritas em húngaro e rigorosamente pensadas para influenciar os eleitores. As paredes do país inteiro são cobertas de dizeres em letras maiúsculas: "Se você vem para a Hungria, você não pode roubar o trabalho dos húngaros". "Se você vem para a Hungria, você tem o dever de respeitar nossa cultura!"

Diferentemente de outros dirigentes europeus tomados de surpresa pela crise migratória de 2015, Orban e Finkelstein estão prontos. Seguindo o princípio de Maquiavel que aconselha a jamais deixar passar uma crise, eles criam as condições perfeitas para transformar os fluxos de refugiados sírios numa máquina de gerar adesões. E, a crer que a sorte sorri aos audaciosos, a invasão realmente acontece. Nesse ano, as entradas irregulares no país vão se multiplicar por oito, passando de 50.000 no ano anterior a mais de 400.000.

Na verdade, a grande maioria dos que chegam não tem qualquer intenção de permanecer na Hungria. Desejam apenas atravessar o país para se dirigir à Alemanha e outros países do Norte da Europa. Mas Orban precisa de um pavio para acender sua explosiva mensagem de tolerância zero com a imigração. Não se contenta em fazer aprovar pelo parlamento, em tempo recorde de duas horas, uma lei para construir uma barreira de 175 quilômetros ao longo da fronteira: impõe, além disso, o fechamento da estação ferroviária de Budapeste. Consequentemente, os imigrantes que queriam só atravessar o país continuarão bloqueados na capital húngara, e obrigados a empreender uma longa marcha para chegar à fronteira austríaca.

Em termos políticos, a linha intransigente de Orban, que chega no momento ideal ao coração do clima de paranoia gerado pelas campanhas de Finkelstein, funciona perfeitamente. A popularidade do primeiro-ministro dispara nas pesquisas, enquanto a extrema-direita de Jobbik entra em curto-circuito sob efeito de um governo que recuperou suas principais linhas-mestras.

Os *spin doctors* dão instruções precisas à televisão estatal sobre a maneira como a crise deve ser coberta. As crianças não devem nunca ser filmadas – oficialmente, para protegê-las, mas na realidade para não provocar empatia demais com os recém-chegados. O termo "refugiados" não deve jamais ser utilizado, e mesmo o termo "*bevandorlo*", que designa desde sempre os imigrantes, é abolido e substituído por "*migrantes*", palavra de origem latina que soa enfaticamente estrangeira no idioma húngaro.

Nada é deixado ao acaso, para que a urgência se transforme numa onda de popularidade a favor do primeiro-ministro. No entanto, em março de 2016, sob o impulso da Alemanha, a União Europeia assina um acordo controverso com a Turquia para bloquear o fluxo de imigrantes sobre a rota dos Bálcãs. Teoricamente, a crise estaria resolvida. Mas depois de ter encontrado o bom filão, Orban não tem nenhuma intenção de renunciar a ela tão facilmente.

Por sorte, a União Europeia anuncia um plano de distribuição dos refugiados que continuam a chegar à Itália e à Grécia, segundo o qual a Hungria deveria acolher 1.294 pessoas. O número é irrisório, mas para Orban é a ocasião sonhada para insistir em sua guerra de civilizações.

Assim que o plano de Bruxelas é lançado, Orban marca, para 2 de outubro, a realização de um referendo para aprová-lo ou rejeitá-lo. Ao mesmo tempo, a campanha dos cartazes recomeça – ela ocupará metade de todos os espaços publicitários do país, com slogans do tipo "Os ataques em Paris foram cometidos por imigrantes" ou "Desde a crise da imigração, as agressões contra as mulheres dispararam". A força dessas mensagens reside no fato de que elas estão em todos os lugares, basta um passo em qualquer direção para se deparar com um cartaz gritante. Durante o verão, as transmissões ao vivo do Campeonato Europeu de Futebol e dos Jogos Olímpicos – com grandes audiências – são interrompidas de hora em hora por boletins informativos dedicados aos imigrantes e a seus alegados delitos. Paralelamente, a televisão estatal entrevista atores e esportistas que, unânimes, explicam por que votarão "Não" no Referendo.

Sem nenhuma surpresa, o "Não" ganha com 98% dos votos, mesmo que menos da metade dos eleitores tenha ido às urnas. Em pouco menos de dois anos, Orban conseguiu transformar seu país numa espécie de *bunker* e engajar outros países da região, que assinaram, no vilarejo húngaro de Visegrado, um pacto histórico opondo-se a qualquer forma de redistribuição de refugiados. Orban também tem seus convertidos na Europa ocidental, onde começa a ser percebido como o porta-estandarte de um modelo alternativo abertamente oposto à tecnocracia de Bruxelas. Os contornos do modelo são claros. O primeiro-ministro húngaro os delimitou, em 2014, num discurso que entrou para os anais: "A nação húngara não é um simples aglomerado de indivíduos, mas uma comunidade real, que deve ser organizada, reforçada e, na prática, construída. Nesse sentido, o novo Estado que estamos em vias de erguer na Hungria é um Estado 'iliberal', não um Estado liberal. Ele não nega os valores fundamentais do liberalismo, como a liberdade, mas, por outro lado, não faz dessa ideologia o elemento central da organização estatal".

Na prática, para Orban, o Estado deve estar a serviço do povo, entendido como a maioria dos húngaros. E ninguém, seja um juiz, um jornal ou uma ONG, pode se opor ao exercício da vontade em nome da defesa de qualquer minoria ou de qualquer princípio constitucional. Segundo ele, "hoje o liberalismo na Europa não se concentra na liberdade, mas no 'politicamente correto', que se tornou uma ideologia esclerosada, dogmática. Os liberais são os inimigos da liberdade". Os contrapoderes são "uma invenção americana que a Europa adotou por mediocridade intelectual".

As palavras de Orban têm o mérito de serem claras. Mesmo que continue um pouco difícil ouvi-las saindo da boca de um ex-estudante rebelde de 1989 chegado às pressas de Oxford, onde, à época, estudava graças a uma bolsa da fundação Soros, oferecida para controlar jovens liberais, anticomunistas e pró-europeus de Budapeste.

Como Trump e como o Movimento 5 Estrelas, Orban é antes de tudo um político oportunista, guiado por um algoritmo e com sede de poder. Se o liberalismo e a tolerância lhe tivessem garantido esse poder, sua bússola interna o levaria, sem dúvida, a respeitar escrupulosamente os princípios da liberal-democracia.

Mas no caso de Orban talvez haja um fator a mais. Para entender do que se trata, convém deixar-se guiar por Ivan Krastev, um dos observadores mais perspicazes da cena política pós-soviética. Após a queda do Muro de Berlim, segundo Krastev, as elites do Leste Europeu se lançaram num processo de imitação do Ocidente, esperançosas de recuperar o atraso acumulado em meio século de comunismo. Infelizmente, fora os transtornos materiais que causou na vida dos cidadãos dos ex-satélites soviéticos, esse processo teve um custo psicológico brutal. O que faz dessa imitação algo tão doloroso, de acordo com Krastev, não é só o pressuposto segundo o qual o imitador é inferior ao modelo, mas também o fato de dar ao Ocidente o direito de julgar o sucesso, ou o fiasco, dos países do Leste a partir de seus padrões ocidentais. Sob esse ângulo, a imitação se traduz em uma perda de soberania.

Seria, portanto, natural que em certo momento a frustração acumulada pelos imitadores produzisse consequências negativas. Mais ainda se considerarmos que a admiração das elites da Europa Oriental se baseava, ao menos em parte, num mal-entendido. Aos olhos dos conservadores húngaros, tchecos e poloneses, a Europa Ocidental representava um ideal porque, ao contrário do comunismo, garantia o respeito às tradições e à religião. Não é de estranhar que eles tenham se sentido enganados quando perceberam que a norma, no Ocidente, era o multiculturalismo e os casamentos homossexuais. As crises dos últimos anos, o terrorismo islâmico e a urgência migratória só fizeram reforçar a desilusão. Até provocar uma inversão radical.

Sob a influência dos novos líderes soberanistas, as democracias não liberais do Leste se apresentam como o novo modelo para todos os que têm como sagrados os valores seculares da "Velha Europa": Deus, a pátria e a família. Esses regimes constituem, hoje em dia, as muralhas contra a ditadura do politicamente correto e dos direitos das minorias, que varrem as tradições e põem mais uma vez em discussão a real importância da família. Eles se opõem também à imigração em massa, que ameaça a homogeneidade e a identidade cultural dos povos europeus.

Até um tempo atrás, os governantes dos países do Leste adotavam, em Bruxelas e em outras instâncias, a postura um pouco humilhante do novato que, sempre exposto ao risco de uma crítica ou uma condenação, aguarda o momento de ser julgado. Agora, ao contrário, sua missão é preservar a chama dos valores que o Ocidente perdeu.

"Há vinte e sete anos", disse Orban num discurso em 2017, "aqui, na Europa Central, nós pensávamos que a Europa era nosso futuro; agora, sentimos que nós representamos o futuro da Europa".

Difícil não lhe dar razão, ao menos em parte, se considerarmos como as coisas evoluíram nos últimos anos. Em muitos países europeus, Orban virou o modelo de inspiração dos movimentos soberanistas que ganham eleições e conseguem, às vezes, tomar efetivamente o poder.

A questão migratória permite alimentar o urso Waldo em todos os contextos. Na Itália, a Casaleggio Associati elaborou, a partir de 2014, um manual de conduta para os eleitos do Movimento 5 Estrelas que participam de programas de TV. Quanto ao tema dos imigrantes, o texto sugere adotar a seguinte atitude:

"O assunto *imigração* suscita muitas emoções, entre as quais, primeiro, o medo e a cólera. Assim, na televisão, começar a argumentar, explicar os tratados ou mesmo propor soluções mais ou menos realistas é inútil. As pessoas estão tomadas por suas emoções e se sentem ameaçadas, assim como suas famílias. Não se pode pretender que elas acompanhem um discurso puramente racional." O *vade mecum* do M5S conclui sugerindo a estratégia do "decalque – ou transferência – emocional": "Nós somos uma saída para a raiva e o medo".

Durante a campanha para as eleições municipais de 2017, Grillo levará o "decalque" ao extremo de usar, contra uma minoria étnica como os ciganos – na maioria, cidadãos italianos –, o termo alemão "*raus!*": "fora!". Empossado ministro do Interior, o chefe da Liga, Matteo Salvini, irá se ocupar de transformar essas ideias em projetos de lei concretos, com total apoio do Movimento 5 Estrelas.

A mesma coisa se produziu um pouco em todos os lugares, sob formas ligeiramente diferentes. Em todos os países industrializados, os engenheiros do caos se apropriaram do tema das relações com o "Estrangeiro", fosse este um refugiado, um imigrante, ou mesmo um compatriota de origem étnica ou religião diferentes, para transformá-lo em combustível principal do Waldo populista.

Do ponto de vista deles, a vantagem da questão migratória não é apenas que ela reforça a divisão de Schmitt entre Nós e Eles, mas sobretudo o fato de ela implodir as barreiras tradicionais entre direita e esquerda.

O estrategista do Brexit, Dominic Cummings, conta, a respeito, um episódio bastante esclarecedor. "Eu estava coordenando um grupo de discussão com eleitores do Partido Conservador. Conversei com eles sobre imigração durante cerca de vinte minutos. Depois, passamos a falar de economia. Ao fim de alguns minutos, um pouco surpreso por suas palavras, perguntei: mas em quem vocês votaram? No *Labour*, responderam todos. Por um erro de planejamento, eu estava falando com militantes do Partido Trabalhista, e não com conservadores. Mas, no assunto imigração, era quase impossível distinguir entre esses eleitores de camadas populares e os *tories* ou os soberanistas do UKIP."

A ênfase na imigração permite desarticular as formações habituais, liberando um imenso espaço político para o Waldo populista, que pode, assim, exibir-se como não sendo nem de direita, nem de esquerda.

Cummings prossegue: "As mídias tentaram classificar a campanha do *Leave* como sendo 'de direita', mas aos olhos do público nós não éramos nem direitistas nem esquerdistas. O mesmo se repetiu, depois, com Trump. Ele cometeu muitos erros, mas havia em sua mensagem nacional alguma coisa atraente que ia além das categorias direita/esquerda. Ali também as mídias não entenderam, e etiquetaram, como no caso do Brexit, de 'direita populista', com o carimbo de alguns charlatães universitários. Mas a razão pela qual ele teve tamanho sucesso está, precisamente, em levar uma mensagem que é mais do que simplesmente de direita".

A questão migratória é o tema sobre o qual a direita populista pode selar sua união com a esquerda populista, a exemplo do que ocorreu na Grã-Bretanha no momento do Brexit, e na Itália por ocasião do fechamento dos portos decretado por Matteo Salvini. No fundo, trata-se, apenas, de fazer evoluir a oferta política para que esta se alie à demanda. Eis por que, nos países onde a fusão ainda não ocorreu, muitos protagonistas, tanto à extrema-direita quanto à extrema-esquerda, trabalham para ser os primeiros a dinamitar a antiga divisão ideológica.

Na Alemanha, uma campanha agressiva, focada quase exclusivamente no tema da imigração, permitiu ao movimento de extrema-direita AFD ("Alternativa para a Alemanha") desviar as intenções de voto na esquerda. Segundo as análises das transferências de votos entre partidos nas eleições de 2017, o movimento conquistou praticamente tantos votos nas fileiras do Partido Social-Democrata e da esquerda radical Die Linke quanto da direita tradicional CDU-CSU. Por isso, após as eleições, muitos ex-líderes de extrema-esquerda criaram o movimento Aufstehen ("De pé"), para, de acordo com uma de suas fundadoras, "acabar com a boa consciência da esquerda sobre a cultura do acolhimento".

*

Na França, está posta na mesa a questão de saber se o movimento dos Coletes Amarelos pode constituir o detonador de uma convergência entre populistas de direita e de esquerda. Apesar dos esforços consideráveis para ir nessa direção, feitos por Marine Le Pen, de um lado, e Jean-Luc Mélenchon, do outro, o que falta ainda no caso francês é um tipo de "Macron ao contrário" – um líder que tivesse a capacidade de transcender o abismo direita/esquerda para reunir os nacional-populistas das duas margens. Mas a própria experiência do locatário do Eliseu prova que uma figura desse tipo pode emergir com extrema rapidez quando as circunstâncias lhe são favoráveis.

6

OS "FÍSICOS" E OS DADOS

NO FIM DOS ANOS 1960, quando o pesadelo da guerra atômica ameaçava destruir o planeta, o dramaturgo suíço Friedrich Dürrenmatt imagina, numa peça de teatro, internar Newton, Einstein e Möbius numa clínica dedicada a doenças mentais. No asilo dos Físicos, os pisos são de madeira, as camas são acolhedoras e as varandas dão para as montanhas. Mesmo assim, Newton e Einstein não estão muito encantados pelo lugar e passam seus dias imaginando estratagemas para fugir dali: seus laboratórios os esperam e eles têm ainda mil descobertas a fazer.

Em certo momento, Möbius se vê obrigado a explicar a ambos o que se passa realmente.

"Nós chegamos ao fim de nossa viagem", declara. "Mas a humanidade ainda não chegou. Nós avançamos sem parar, e hoje ninguém nos segue mais, nós nos lançamos no vazio. Nossa ciência se transformou em algo terrível, nossa pesquisa é perigosa, nossas descobertas são mortais.

Como físicos, só nos resta capitular diante da realidade. A humanidade não tem condições de fazer frente à nossa ciência, e ela corre o risco de perecer por nossa culpa."

"O que isso significa?", perguntam, então, os outros dois, muito preocupados.

"Que vocês devem permanecer comigo no asilo."

A peça de Dürrenmatt me voltou ao espírito no dia seguinte ao Referendo inglês, quando o diretor da campanha em favor do Brexit, Dominic Cummings, fez uma declaração algo surpreendente. "Se você quer fazer progresso em política", ele escreveu em seu blog, "meu conselho é contratar físicos, e não experts ou comunicadores".

E, de fato, em vez de recorrer aos habituais consultores políticos, Cummings organizou a campanha com a ajuda de uma equipe de cientistas originários das melhores universidades da Califórnia e de uma empresa canadense de Big Data ligada à Cambridge Analytica, chamada AggregateIQ.

O pedido que Cummings fez a esses dois grupos era bem simples: ajudem-me a mirar certo. Digam-me para onde devo enviar meus voluntários, em que portas devo bater, a quem devo mandar e-mails e mensagens nas redes sociais e com que conteúdos. Segundo declarações do estrategista do Brexit, os resultados ultrapassaram todas as suas expectativas. Ao ponto de Cummings, ele mesmo, tirar uma conclusão perturbadora: "Se você é jovem, inteligente e se interessa por política, pense bem antes de estudar ciências políticas na universidade. Você deveria se interessar, em vez disso, em estudar matemática ou física.

Num segundo momento você poderá entrar na política e terá conhecimentos mais úteis, com aplicações infinitas [...] Pode-se sempre ler livros de história mais tarde, mas não é possível aprender matemática na hora que se quer." Diante desse raciocínio, é legítimo ficar um pouco cético. No fundo, a tecnologia na política muitas vezes tem a tendência de se revelar uma bolha. Após cada eleição, há sempre alguém alegando que o vencedor não foi eleito por razões políticas, porque tinha as melhores ideias ou uma personalidade mais sedutora, mas sobretudo graças a uma nova ciência conhecida só do eleito, desenvolvida em segredo num subsolo qualquer em Wichita ou de Skopje. Após o Brexit e a eleição de Trump, essa tendência atingiu seu paroxismo quando as mídias do mundo inteiro se engajaram numa caça brutal contra os manipuladores ocultos, do Facebook à Cambridge Analytica, passando pelos blogueiros macedônios e as fazendas de *trolls* russos – todos pessoalmente acusados de tornar possível a concretização daqueles resultados inesperados.

É verdade que diferentes atores têm interesse em amplificar o papel exercido pelas tecnologias no processo eleitoral. As mídias, que têm a partir daí uma história nova e fascinante para contar, no lugar das análises habituais dos politólogos. Os perdedores, que podem dizer, a eles mesmos e a seus partidários, que não foram derrotados por causa de sua má performance, mas por forças obscuras. Os estrategistas, como Cummings, os tecnólogos, os consultores e as plataformas, que podem se gabar de ter mudado o curso da história. Quando Christopher Wylie, o "arrependido" da Cambridge Analytica, admite sua culpa ao vivo diante do mundo inteiro, ao confessar "eu elegi Trump com meus algoritmos", ele faz, sobretudo, publicidade de si próprio (e da sociedade que finge atacar) mais do que propor um combate pela liberdade e a democracia. Dito isso, é verdade que algumas eleições são decididas por margens tão ínfimas que a capacidade de influenciar ainda que alguns votos, de forma direcionada, pode fazer a diferença. Trump ganhou na Pensilvânia com 44.000 votos de dianteira em 6 milhões; com 22.000 em Wisconsin; e com apenas 11.000 em Michigan.

Num panorama global, é difícil negar que, desde então, alguma coisa fundamental mudou na relação entre a tecnologia e a política.

Os cientistas sempre sonharam reduzir o governo da sociedade a uma equação matemática que suprimisse as margens de irracionalidade e de incerteza inerentes ao comportamento humano. Há dois séculos, Auguste Comte já definia a física social como "ciência que tem por objeto o estudo de fenômenos sociais considerados no mesmo espírito que fenômenos astronômicos, físicos, químicos e psicológicos – ou seja, como sujeitos às leis naturais invariáveis, cuja descoberta é o ponto de chegada das pesquisas. Desde então, muitos propuseram suas visões da "ciência da política", sem jamais atingir o objetivo de tornar mais previsível a evolução da sociedade.

Mas, nos últimos anos, um fenômeno decisivo se produziu. Pela primeira vez, os comportamentos humanos – que continuavam a ser, até então, fins em si mesmos – começaram a produzir um fluxo maciço de dados.

Graças à internet e às redes sociais, nossos hábitos, nossas preferências, opiniões e mesmo emoções passaram a ser mensuráveis. Hoje, cada um de nós se desloca voluntariamente com sua própria "gaiola de bolso", um instrumento que nos torna rastreáveis e mobilizáveis a todo momento. No futuro, com a "internet das coisas", cada gesto irá gerar um fluxo de dados não mais exclusivamente ligado aos atos de comunicação e de consumo, mas também a fatos como escovar os dentes ou adormecer no sofá da sala. Éric Sadin fala, a propósito, de uma "indústria da vida", o setor mais promissor da nova economia, destinado a canibalizar todos os outros.

Essa profusão inédita de dados – e os poderosos interesses econômicos que ela representa – está na raiz do novo papel dos físicos na política. Para melhor compreender do que se trata, achei melhor ficar longe de todos os encantadores de serpentes que já tumultuam o meio dos Big Data aplicados à política, para tentar voltar aos fundamentos.

Daí ter decidido visitar Antonio Ereditato, um pesquisador que participa das mais importantes experiências internacionais sobre a física de partículas, entre o CERN de Genebra, o Fermilab de Chicago e o J.Parc de Tokai, no Japão. Ele está baseado em Berna, onde dirige o "Laboratory for High Energy Physics" e o "Centro de física fundamental Albert Einstein". A física aplicada à política só o interessa até um certo grau. "São aplicações já conhecidas", ele diz, ao me receber num escritório austero que dá a impressão de ter sido concebido por um *designer* da

Wiener Werkstätte.[19] "O verdadeiro pesquisador é, por sua vez, animado pela curiosidade. Ele quer romper as fronteiras do conhecimento. É uma evidência de que é preciso mais fantasia para compreender como o mundo é feito do que para inventá-lo".

Apesar disso, ele se dispõe a fazer alguns comentários sobre o assunto. "Na física, o comportamento de cada molécula não é previsível, uma vez que cada uma delas é submetida a interações com uma infinidade de outras moléculas. O comportamento de um aglomerado, por outro lado, é previsível, pois através da observação do sistema é possível deduzir o comportamento médio. As interações contam mais que a natureza das unidades, e o sistema, tomado em seu conjunto, possui características – e obedece a regras – que tornam previsíveis as evoluções. As leis da física se aplicam aos comportamentos humanos aglomerados. Claro, não poderemos jamais gerenciar um bilhão de pessoas como um bilhão de moléculas, mas há analogias com base nas quais alguns princípios podem ser aplicados, mesmo se forem sistemas caóticos".

"A este respeito, como diz Nanni Moretti, as palavras são importantes. Para um físico, afirmar que um sistema é caótico não quer dizer que ele é uma bagunça e que ninguém entende nada. Dizer que um sistema é caótico significa falar de um sistema no qual uma pequena variação das condições iniciais pode produzir efeitos enormes em sua evolução. Um sistema de seres humanos que interagissem

---

[19] Empresa austríaca que no início do século XX procurou elevar a nível de arte o design de objetos do cotidiano. [N.T.]

entre si pode ser um sistema caótico no qual, por exemplo, uma *fake news* pode ser a pequena modificação inicial que produz imensos efeitos secundários".

Até cerca de dez anos atrás, os dados para aplicar as leis físicas aos aglomerados humanos não existiam. Hoje, sim. Nós dispomos, até, de mais dados sobre os aglomerados humanos do que sobre a maioria dos fenômenos físicos que temos o hábito de estudar. "Em regra geral", confirma Ereditato, "se você analisa um gás, ou um sistema físico estatístico clássico, você tem um número de sensores muito menor do que o número de moléculas. Se você analisa o Facebook hoje, você tem quase tantos captores quanto moléculas, ou seja, usuários. O problema passa a ser a interpretação dos dados. E é aí que pesa a vantagem competitiva do físico, que, ao contrário do político, está habituado a trabalhar com uma quantidade infinita de dados".

Não faz muito tempo, ter um espírito científico em política representava uma desvantagem. Havia, com certeza, sondagens, mas essas permitiam, na melhor das hipóteses, uma análise grosseira das orientações da opinião pública tomada em conjunto. Cada tentativa de chegar a um enfoque mais preciso era necessariamente cara e produzia, no máximo, resultados aleatórios. O que contava em política, no fim das contas, era a capacidade de estar em sintonia com os tempos correntes e escolher o momento certo, o que caracteriza o animal político desde Tucídides – para quem o líder é aquele capaz de "apontar, entre diferentes coisas iminentes, aquela que realmente acontecerá".

Num contexto como esse, qualquer projeto para instalar uma administração "científica" da política poderia parecer risível, fruto das angústias de espíritos sem o hábito de enfrentar riscos e incertezas, dois fatores que sempre caracterizaram a experiência política. Hoje, pela primeira vez, essa situação se inverte.

"Antes de intervir num sistema", retoma Ereditato, "é necessário compreendê-lo, coisa que o homem político não sabe fazer. Esse último se apoia sobre pouquíssimos elementos, algumas pesquisas de intenção e seu instinto. A política adquire informações de base e age em função delas: Salvini, por exemplo, sabe que há pessoas que são contra os imigrantes e tenta conquistar seus votos."

"O físico, ao contrário, está acostumado a coletar o maior número de dados, ou seja, os valores das variáveis que descrevem o sistema. Além disso, ele realiza quase sempre simulações, submetendo o sistema ao máximo de condições diversas, por meio de experimentos virtuais. No caso de Salvini, não é suficiente saber quantas pessoas são contra os imigrantes: ele quer também saber quantas são aquelas que, sendo contra os imigrantes, querem continuar fazendo parte da União Europeia. Ou qual o ponto de ruptura dos eleitores de seu aliado Di Maio que são com certeza um pouco racistas, mas poderiam, diante dos frequentes excessos, voltar a marchar nas fileiras da esquerda na defesa dos imigrantes, ou da União Europeia."

"Hoje, os dados para obter respostas em tempo real a essas questões, e a inúmeras outras, existem. Mas para obtê-las é preciso ser capaz de fazer três coisas: conduzir experiências, recolher dados e analisá-los."

Claro, os físicos não são os únicos a saber lidar com esses três desafios, mas, entre todos os cientistas, são eles que melhor desenvolveram o método das simulações. A física determinista acabou no começo do século XX. Em janeiro de 1900, lord Kelvin anunciava: "Não há mais nada a descobrir, a única coisa que resta fazer é determinar medidas cada vez mais exatas". Em dezembro do mesmo ano, Max Planck introduzia os primeiros elementos da física quântica, abrindo, assim, as portas de um mundo totalmente novo. Desde então, a física deixou de ser uma disciplina determinista no seio da qual tal causa produz necessariamente tal efeito, pois as variáveis passaram a ser aleatórias no nível mais profundo. Às vezes, nessas condições, não é possível resolver um problema de maneira rigorosa, digital. Adotam-se, então, soluções aproximativas.

"Eis por que os físicos trabalham usando simulações. Faz parte, realmente, de nossa maneira de pensar", prossegue, ainda, Ereditato. "Nós somos mesmo criadores um pouco perversos. Se o homem constrói um castelo de areia, o físico é aquele que depois de tê-lo construído começa a retirar grãos para ver como ele vai desabar: a partir de que momento, de que lado etc. Depois, repete a simulação milhares de vezes, até compreender qual a regra que rege a estabilidade dos castelos de areia."

"Hoje as simulações são feitas utilizando também dados reais. Uma vez que você fez a experiência, recolheu os dados e os analisou, você é capaz de identificar as correlações, quer dizer, a maneira como a modificação de um parâmetro, mesmo ínfimo, tem uma incidência sobre seu conjunto. Um sistema, no nosso caso, com muitas variáveis e efeitos caóticos potenciais."

Só nesse instante se torna possível começar a intervir para produzir um efeito em vez de outro. "Você vai chegar lá otimizando os parâmetros do sistema. Você muda qualquer coisa e melhora o resultado tendo como base o objetivo que busca alcançar. Você quer incitar alguém a clicar num link? Vender sorvetes de pistache? Estimular alguém a votar em você ou, ao contrário, ficar em casa no dia das eleições? Pouco importa o objetivo, há mensagens mais eficazes e mensagens menos eficazes. Os cliques darão a resposta em tempo real e, a partir deles, você pode fazer testes continuamente e ir modificando as mensagens, no conteúdo e na forma, mantendo as características que funcionam e descartando as menos eficazes. Claramente, cada vez que você otimiza os parâmetros, você modifica o sistema; portanto, você deve novamente receber dados para compreender de que maneira, para depois otimizar mais uma vez, e assim sucessivamente, num ciclo quase infinito."

Concretamente, no caso da campanha em favor do Brexit, as coisas se passaram da seguinte maneira. Num primeiro momento, os físicos estatísticos cruzaram os dados das pesquisas no Google com os das redes sociais e com bancos de dados mais tradicionais, para identificar os potenciais apoios ao "*Leave*" [o voto pela saída] e sua distribuição pelo território. Depois, explorando o "Lookalike Audience Builder", um serviço do Facebook muito popular entre as empresas, eles identificaram os "persuasíveis", ou seja, os eleitores que não haviam sido trazidos para o campo do Brexit, mas, com base em seus perfis, podiam ainda ser convencidos. Uma vez delimitada a área potencial do "*Leave*", Cummings e os físicos de dados passaram ao ataque. O objetivo: conceber as mensagens mais convincentes para cada nicho de simpatizantes. "Durante as dez semanas que durou a campanha oficial, nós produzimos quase um bilhão de mensagens digitais personalizadas, principalmente no Facebook, com uma forte aceleração durante os dias que antecederam a votação." Também nesse *front* o papel dos cientistas foi decisivo. O Facebook lhes permitiu testar simultaneamente dezenas de milhares de mensagens diferentes, selecionando em tempo real aquelas que obtinham um retorno positivo e bem-sucedido e conseguindo, por um processo de otimização contínua, elaborar versões mais eficazes para mobilizar partidários e convencer os céticos.

Graças ao trabalho desses físicos aplicado à comunicação, cada categoria de eleitores recebeu uma mensagem sob medida: para os animalistas, uma mensagem sobre as regulamentações europeias que ameaçam os direitos dos animais; para os caçadores, uma mensagem sobre as regulamentações europeias que, ao contrário, protegem os animais; para os libertaristas, uma mensagem sobre o peso da burocracia de Bruxelas; e para os estatistas, uma mensagem sobre os recursos desviados do estado de bem-estar para a União. Graças a todas as versões possíveis dessas mensagens, os físicos de dados puderam identificar as mais eficazes, da formulação do texto ao aspecto gráfico. Puderam também otimizar continuamente, em função dos cliques registrados em tempo real.

Medir o impacto preciso dessa atividade complexa sobre o voto é impossível. Mas tudo indica que foram movimentos importantes. O próprio Cummings escreveu que "se Victoria Woodcock, a responsável pelo software usado na campanha, tivesse sido atropelada por um ônibus, o Reino Unido teria continuado na União Europeia".

Notemos, ainda assim, que o *Vote Leave* não tem a exclusividade desse tipo de práticas, que se tornaram cada vez mais habituais nas campanhas eleitorais do mundo inteiro. A começar pela campanha para a reeleição de Obama em 2012, que representou o verdadeiro salto qualitativo na matéria.

Em termos políticos, a chegada do Big Data poderia ser comparada à invenção do microscópio. No passado, a partir de sondagens sempre aleatórias, os comunicadores políticos podiam atingir grandes aglomerados demográficos ou profissionais: os jovens, os professores do setor público, as donas de casa e assim por diante. Hoje, o trabalho dos físicos estatísticos permite enviar uma mensagem personalizada a cada eleitor com base nas características individuais. Isso possibilita uma comunicação muito mais eficaz e racional do que no passado, mas levanta algumas questões problemáticas. Ora, se o cruzamento de dados nos diz que uma pessoa é particularmente sensível ao tema da segurança, será possível enviar a ela mensagens adaptadas (pelo Facebook, por exemplo), enfatizando o rigor de uns ou a covardia de outros sem que o grande público e as mídias saibam. Pode-se, por exemplo, abordar os argumentos mais controversos, endereçando-os somente àqueles que lhes são sensíveis, sem correr o risco de perder o apoio de outros eleitores que pensam diferente.

Como grande parte dessa atividade se passa nas redes sociais, isso implica, ao menos na aparência, uma comunicação entre pares, mais do que uma mensagem que venha do alto:

esse tipo de propaganda viral escapa a qualquer forma de controle e de checagem de fatos. Se por acaso algo tiver que ser revelado, sua paternidade poderá facilmente ser negada pelo ator político que está na origem do fato divulgado. O resultado é que o que alguns começam a definir como "*dog whistle politics*", "política do apito para cão", quando só alguns percebem o chamado, enquanto outros não ouvem nada.

Sob essa vertente, a campanha de Trump de 2016 deu um grande passo à frente. Através de um investimento maciço no Facebook e graças à equipe de técnicos gentilmente postos à disposição pela empresa de Mark Zuckerberg, os *spin doctors* digitais de Donald testaram 5,9 milhões de mensagens diferentes, contra 66 mil de Hillary, colocando assim em prática, de maneira compulsiva, o processo de otimização contínua do qual falava Ereditato. Mas a campanha de Trump não se contentou em utilizar os Big Data para elaborar as mensagens mais eficazes destinadas a seus próprios apoiadores. Ela instalou também um dispositivo maciço para desestimular os eleitores democratas de irem às urnas, concentrando-se em particular em três alvos: os liberais idealistas, brancos, que haviam apoiado a campanha de Bernie Sanders, o rival democrata de Hillary durante as primárias; as mulheres jovens de 18 a 35 anos; e os afro-americanos residentes em bairros conturbados das grandes cidades.

Os primeiros foram bombardeados por mensagens que sublinhavam as ligações de Hillary com a comunidade financeira, os negócios obscuros da fundação de seu marido e todas as informações, verdadeiras ou falsas, que pudessem corroborar a imagem de uma candidata ávida e corrupta, irremediavelmente comprometida com o "partido de Davos".

No que se refere às mulheres jovens, a campanha de Trump não parou de lembrar os escândalos sexuais que mancharam a carreira política de Bill – dos quais essas mulheres não estavam necessariamente a par, já que os fatos datavam de pelo menos duas décadas – e apresentando Hillary como cúmplice de um marido pervertido, movida ou por pura fraqueza, ou por uma ambição sem limites.

Enfim, os afro-americanos dos guetos urbanos foram alvo de mensagens relembrando a reforma na assistência social – que traria o fim das ajudas incondicionais – e um discurso de Hillary no qual ela descreve certa categoria de homens de cor como "superpredadores" que precisam ser "postos de joelho".

A parte legal desses esforços – aquela que utilizava vídeos e informações reais – foi conduzida diretamente do quartel-general da campanha digital de Trump, em San Antonio, Texas. A parte ilegal, calcada na manipulação e nas *fake news*, que teve um papel essencial, foi gerenciada de maneira descoordenada por terceiros, blogueiros e sites de informação da direita alternativa, na América e igualmente, ao que parece, em lugares os mais inesperados, como a Macedônia e São Petersburgo. Desse magma indefinido emergiram os ataques mais absurdos – e os mais seriais – contra a candidata democrata, da acusação de ter vendido armas ao Estado Islâmico à de comandar uma rede de pedófilos no porão de uma das pizzarias mais populares de Washington.

O resultado de todo esse trabalho é que, no dia das eleições, muitos eleitores democratas ficaram em casa, abrindo as portas da Casa Branca aos seguidores de Trump, mesmo que estes representassem uma minoria do eleitorado tomado em seu todo.

Para além dos casos particulares, que foram objeto de numerosas investigações jornalísticas ou judiciais, é possível tirar pelo menos duas conclusões de caráter mais geral. Em primeiro lugar: uma máquina superpoderosa, concebida originalmente para mirar com precisão incrível em cada consumidor, seus gostos e suas aspirações, irrompeu na política. No início, essa máquina não foi concebida para atingir objetivos políticos, mas essencialmente comerciais. O Facebook e as outras redes sociais são plataformas publicitárias que põem à disposição das empresas instrumentos extraordinariamente avançados para chegar a seus clientes. Mas, uma vez criada, fica claro que essa máquina pode igualmente ser utilizada para fins políticos, como realmente ocorreu nos últimos anos. E, considerando que são simples motores comerciais, as redes sociais não são equipadas – e não têm interesse algum em ser – para impedir os desvios e os abusos.

A única coisa que lhes interessa é o engajamento – o tempo que cada usuário passa na plataforma. Que esse valor aumente em função de um bombardeio de poemas de Rainer Maria Rilke ou de *fake news* antissemitas, pouco importa para o Facebook. Ao contrário, considerando que seu *business model* funda-se no fato de não ser um órgão de informação – se não, teria que responder diante da Justiça pelos conteúdos que publica –, o Facebook deve, a todo preço, permanecer neutro em matéria de conteúdo. Para a plataforma, tanto Rilke quanto os negacionistas são iguais e devem continuar iguais, sem o que todo o edifício sobre o qual se ergue o império de Zuckerberg desmoronaria.

Em segundo lugar: graças a essa máquina, as campanhas eleitorais cada vez mais se tornam verdadeiras guerras entre softwares, durante as quais os oponentes se enfrentam com a ajuda de armas convencionais (mensagens públicas e informações verdadeiras) e armas não convencionais (manipulação e *fake news*) com a meta de obter dois resultados: multiplicar e mobilizar seus apoios e desmobilizar as bases do adversário.

Essa partida ainda não tomou o lugar do jogo político tradicional, mas está em vias de assumir uma importância capital e já começou a impactar visivelmente nossa sociedade.

No velho sistema, cada líder político só dispunha de instrumentos bastante limitados para segmentar seus eleitores. Ele podia enviar mensagens específicas a certas categorias de base – sindicatos, pequenos empresários e donas de casa –, mas precisava fazê-lo publicamente. Quem quisesse criar um consenso majoritário – e não só de nicho – tinha que se dirigir ao eleitor médio com mensagens moderadas, em torno das quais poderia convergir o maior número possível de pessoas.

O jogo democrático tradicional tinha, portanto, uma tendência centrípeta: ganhava aquele que conseguisse ocupar o centro da arena política.

O mundo dos físicos de dados funciona de maneira diferente. Aqui, para criar consenso, o fato de lançar um projeto político capaz de convencer todo mundo conta muito menos, visto que – como profetizava Michel Foucault há quatro décadas – o povo, massa compacta, foi abolido em benefício de uma reunião de indivíduos separados, cada um passível de ser seguido em seus menores detalhes.

Numa situação assim, o objetivo passa a ser identificar os temas que contam para cada um, e em seguida explorá-lo através de uma campanha de comunicação individualizada. A ciência dos físicos de dados permite que campanhas contraditórias coexistam em paz, sem nunca se encontrarem, até o momento do voto. No novo mundo, portanto, a política é centrífuga. Não se trata mais de unir eleitores em torno do denominador comum, mas, ao contrário, de inflamar as paixões do maior número possível de grupelhos para, em seguida, adicioná-los – mesmo à revelia deles. As inevitáveis contradições contidas nas mensagens enviadas a uns e a outros continuarão, de qualquer forma, invisíveis aos olhos das mídias e do público geral.

O raciocínio vale tanto para as comunidades mais inofensivas, os colecionadores de selos ou os amantes do *kitesurf*, quanto para as mais perigosas: os fanáticos religiosos e os membros da Ku-Klux-Klan. Se o movimento convergente da velha política marginalizava os extremistas, a lógica centrífuga da política dos físicos os valoriza. Ela não os põe no centro, porque o centro deixou de existir. Mas ela lhes oferece um espaço e respostas.

Uma dinâmica econômica que siga a mesma lógica vem igualmente fortalecer essa tendência. Até alguns anos atrás, como notou Nick Cohen na revista *Spectator*, ser um extremista político não era nada cômodo. Para ser um maoísta ou um nazista, era preciso ter uma fortuna familiar como Oswald Mosley ou se resignar a uma vida de privações. Hoje, ao contrário, a internet abriu um mundo de oportunidades econômicas aos propagadores do ódio. O propagandista antimuçulmano Tommy Robinson ganha 4 mil libras por mês graças ao tráfego gerado por seus sermões incendiários, e recolheu 100 mil libras num site de *crowdfunding* para equipar um estúdio de rádio. Ao contrário, na lógica das novas mídias – que acentuam os conteúdos capazes de suscitar as emoções mais fortes – ela cria obstáculos para os pensadores mais moderados, que têm dificuldade em fazer circularem suas postagens e gerar retornos financeiros satisfatórios para eles próprios e para as mídias que os hospedam.

Num ambiente desse tipo, o comportamento dos líderes e dos partidos tende a mudar. Mesmo para os partidos ditos clássicos, a motivação para elaborar uma plataforma coerente e uma mensagem única capaz de interceptar o eleitor médio diminui, enquanto cresce a tentação de multiplicar os sinais, mesmo contraditórios, para capturar os grupos mais díspares. Como se observa muito claramente no caso do Movimento 5 Estrelas, o líder e o partido se transformam num algoritmo, sem linha própria definida, mas capaz de interpretar as demandas mais diversas graças à bússola dos dados. Durante a campanha de 2016, a matemática Cathy O'Neil observou que, para lá do uso dos dados, o próprio Trump se comportava no fundo como um algoritmo de carne e osso, tuitando e bombardeando o público com comentários de todos os tipos – para, em seguida, modificá-los de acordo com as reações.

Como o personagem Revizor, de Gogol, o líder político se torna um "homem oco": "Os temas de sua conversa são dados por aqueles que o interrogam: são eles que lhe põem as palavras na boca e criam a conversa". O único valor a mais que lhe é solicitado é aquele comum ao espetáculo.

"*Never be boring*" [nunca ser entediante] é a única regra que Trump segue rigorosamente, produzindo diariamente uma cena de teatro, como o *cliffhanger*, o final inacabado de uma série que obriga o público a ficar colado na tela para assistir ao episódio seguinte. No fundo, o mérito histórico de Trump foi sobretudo o de compreender que a campanha presidencial era um reality show bastante medíocre. E isso vale até hoje para o Donald em sua versão *Commander in Chief*. Beppe Grillo aplicou o mesmo método durante anos. Seus *meetings* eram *one man shows* dos quais o público participava como se estivessem na sala de teatro: as pessoas se indignavam, ou se emocionavam, às vezes, mas, acima de tudo, riam muito. E tudo gratuitamente...

Hoje, os príncipes do movimento populista mundial aplicam todos o mesmo princípio, cada um com seu explosivo brilho próprio: os *tweets* chocantes de Trump, as encenações teatrais de Nigel Farage, os posts de Facebook de Matteo Salvini; mal nós comentamos um evento, e este já é eclipsado por outro. No centro do processo, a coerência e a veracidade contam muito menos que a amplitude da ressonância, que cobre o espectro inteiro das opiniões – daquelas que até recentemente reivindicavam carimbo de esquerda radical às que pertencem à extrema-direita. Sem nenhuma intenção de moderá-las, nem de sintetizá-las. Mas, ao contrário, radicalizando-as para em seguida adicioná-las. É a mesma lógica de um estatístico que, para encontrar a temperatura média ótima, põe a cabeça dentro do congelador e os pés no forno.

Bem antes da internet e das redes sociais, Peter Gay definiu, de maneira magistral, a crise da República de Weimar como sendo um colapso do centro do tabuleiro político durante o qual os partidos moderados do centro foram substituídos pelos extremistas. Hoje, os novos instrumentos digitais simplesmente aceleram e reforçam a mesma tendência, que se manifesta em todos os períodos de crise e de deslegitimação das classes dirigentes.

Estamos assim em vias de redescobrir a maneira pelas quais as minorias intolerantes podem determinar o curso da História. "Como chegamos a uma situação em que certos livros são proibidos (ou queimados...)?", pergunta-se Nassim Nicholas Taleb. "Certamente porque eles ofendem o comum dos mortais. A maioria das pessoas é passiva e não dá grande importância, ao menos não o suficiente para pedir a proibição. Mas de acordo com a experiência, bastam alguns ativistas motivados para conseguir proibir certos livros, ou pôr na lista negra certas pessoas." Isso ocorre porque uma minoria intolerante, mesmo restrita, é totalmente inflexível e não pode mudar de ideia, enquanto uma parte significativa do restante da opinião pública é mais maleável. Nas condições ideais, e se o preço não é muito alto, esse grupo maior pode decidir alinhar-se à minoria intolerante, dando razão, de passagem, a John Stuart Mill quando escreve que "para triunfar, o mal precisa só da inação dos homens de bem".

Baseando-se nesse princípio, o físico de partículas francês Serge Galam foi um dos poucos a prever a eleição de Donald Trump. Enquanto todos os comentaristas repetiam que um candidato como aquele não poderia jamais ganhar e que, em todo caso, uma vez as primárias republicanas vencidas, ele seria obrigado a se moderar para aproximar-se do centro, Galam teorizava o contrário: "A vitória de Trump depende ao mesmo tempo da existência de uma pequena minoria de intolerantes e da existência de uma grande maioria de pessoas tolerantes que repeliram mas conservam os preconceitos que Trump quer ativar com suas declarações provocantes". Concretamente, segundo Galam, cada vez que Trump causa um escândalo com uma afirmação controversa, ele galvaniza o núcleo dos inflexíveis e envia uma mensagem a todos os outros, fazendo assim baixar o custo da adesão aos princípios dos intolerantes. "Uma dúvida nasce do confronto de argumentos opostos. Nesse instante, um grupo pode escolher seguir Trump, guiado pelo preconceito inconsciente reativado, mas sem a necessidade de se identificar formalmente com o preconceito."

Nesse quadro, a importância da minoria intolerante é capital. Para que uma dúvida possa se desenvolver no coração da maioria flexível, é necessário que o argumento radical obtenha uma massa crítica que o sustente. Por isso, Trump e os outros populistas não podem se permitir renunciar aos seus apoios mais extremos. São esses que constituem a pedra fundamental da mobilização em seu favor.

A lógica, bem conhecida dos pesquisadores de ciências sociais, é a da teoria do escoamento superficial (ou escorrência). Confrontados a uma nova opinião, voltamo-nos para as fontes e as pessoas que constituem nosso próprio meio de convívio de referência: é uma opinião aceitável? Pode ser compartilhada? Ou deve ser rejeitada como falsa ou enganosa? Para responder, dirigimo-nos aos outros, porque isso faz parte de nossa natureza de animais sociais. E porque, no fundo, é a coisa mais racional a fazer. Na maior parte das questões, não temos informações de primeira mão e devemos confiar naquilo que nos parece ser a opinião dominante.

Nós não verificamos pessoalmente que a Terra gira em torno do Sol, que os nazistas exterminaram seis milhões de judeus durante a Segunda Guerra Mundial, ou que as vacinas erradicaram as piores doenças da história da humanidade. Mas vivemos em sociedades, ao menos até tempos muito recentes, nas quais esses fatos foram amplamente partilhados.

O limiar de resistência face a uma nova informação ou opinião varia de pessoa para pessoa. Alguns aceitam mais facilmente porque coincidem com as convicções que já cultivam, e outros têm um grau de resistência mais elevado. Mas o certo é que quanto mais aumenta o número de pessoas que adota uma nova ideia (que as vacinas provocam autismo ou que os refugiados são terroristas, por exemplo), mais o limiar de resistência àquilo que é difícil de aceitar diminui. Uma vez atingida essa massa crítica, pode ocorrer que, de maneira relativamente indolor, uma comunidade inteira adote uma opinião ou um comportamento que inicialmente eram partilhados apenas por uma minoria muito restrita.

Isso se produziu muitas vezes na história do século XX. E é o que se vê hoje com a internet e as redes sociais, que parecem feitos especialmente para acelerar e multiplicar as cascatas cognitivas.[20]

Na internet, o núcleo dos duros e puros – sites, blogs e páginas de Facebook de extremistas – constitui a fonte primária das cascatas que alimentam a bacia eleitoral de

---

[20] Lembrando que, por analogia, o termo *cascata* significa *rumor ou ruído contínuo*. [N.E.]

Trump, de Orban e de Salvini. Pode, é claro, acontecer, de tempos em tempos, que uma pequena mão confeccione artesanalmente uma *fake news*, como pode ocorrer que falsos perfis e robôs automáticos contribuam para o fluxo da corrente. Na verdade, isso acontece muito. Mas o ponto essencial continua a ser que os extremistas se tornaram, em todos os sentidos e em todos os níveis, o centro do sistema. São eles que dão o tom da discussão.

Se, no passado, o jogo político consistia em divulgar uma mensagem que unificava, hoje se trata de desunir da maneira mais explosiva. Para conquistar uma maioria, não se deve mais convergir para o centro, mas adicionar os extremos.

Voltando à física, o problema é que um sistema caracterizado por um movimento centrífugo fica, necessariamente, cada vez mais instável. Isso vale tanto para os gases naturais quanto para os coletivos humanos. Até quando será possível governar sociedades atravessadas por impulsos centrífugos cada vez mais potentes?

No plano econômico, a desagregação começou há 30 anos, quando a dinâmica combinada da inovação tecnológica e da abertura dos mercados começou a aumentar a desigualdade entre os indivíduos.

No plano da informação, o processo é mais recente, mas já bastante adiantado. Hoje, a ideia de uma esfera pública na qual todos são expostos às mesmas informações, como era antes com a leitura de jornais e o ritual do noticiário televisivo, praticamente não existe mais.

A política segue hoje o mesmo percurso. Ela passa da lógica centrípeta que subentendia ainda projetos como a

Terceira Via de Clinton e Blair ou as diferentes formas de "*Compassionate Conservatism*" ["Conservadorismo compassivo"] de Bush e Cameron, a uma estratégia centrífuga que galvaniza e depois adiciona os extremismos. O ponto de ruptura se aproxima perigosamente.

Ainda mais porque liberar os *animal spirits*, as pulsões mais secretas e violentas do público, é relativamente fácil, enquanto seguir o caminho inverso é bem mais difícil. Trump, Salvini, Bolsonaro e os outros estão destinados, cedo ou tarde, a frustrar as demandas que geraram e a perder o consenso dos eleitores. Mas o estilo político que eles introduziram, feito de ameaças, insultos, mensagens racistas, mentiras deliberadas e complôs, depois te ter ficado à margem do sistema durante décadas, já ocupa o centro nevrálgico. As novas gerações que observam hoje a política estão recebendo uma educação cívica feita de comportamentos e palavras de ordem que irão condicionar suas atitudes futuras. Uma vez os tabus quebrados, não é mais possível colar de novo: quando os líderes atuais saírem de moda, é pouco provável que os eleitores, acostumados às drogas fortes do nacional-populismo, peçam de novo a camomila dos partidos tradicionais. Sua demanda será por algo novo e talvez ainda mais forte.

■ CONCLUSÃO

A ERA DA POLÍTICA QUÂNTICA

RONNIE MCMILLER DEDICOU sua vida inteira aos felinos. Há 20 anos ele dirige o *Millwood Cat Rescue* de Edwalton, na Inglaterra, entidade que tem como atividade oferecer refúgio a gatos abandonados do condado. Ronnie os recupera quando estão em dificuldades e proporciona um teto enquanto os bichanos esperam pela oportunidade de serem adotados por novas famílias. Essas não são poucas na região, tendo em vista a paixão indefectível dos britânicos por animais domésticos.

Mas, ultimamente, Ronnie constatou e revelou um estranho fenômeno. Entre os felinos que recebe, a proporção de gatos pretos aumentou de forma desmedida. Eles são mais numerosos que antes em seus abrigos, e se revelam muito mais difíceis de realocar nas famílias que procuram um animal de companhia.

Ronnie está perplexo. Sabe-se que os gatos pretos sempre tiveram reputação duvidosa, por causa de histórias de má sorte e de bruxaria, mas essas ideias pareciam definitivamente ultrapassadas. As antigas superstições estariam de volta? Olhando mais de perto, no entanto, o fenômeno não atinge só os gatos pretos, mas, em geral, todos aqueles que têm a pelagem escura. Por uma razão qualquer, as pessoas parecem querer se desfazer mais deles do que antes. E, do outro lado do balcão, não desejam adotá-los. "Você não tem outros?", pergunta um garoto a quem ele propôs levar para casa um bonito gatinho preto ou um marrom-tigrado.

Para Ronnie, essa história continua a ser um mistério, até porque ele tem mais de 70 anos, e certas coisas não vêm mais naturalmente a seu espírito. Mas, um dia, alguém lhe dá enfim uma explicação lógica, sem incômodo aparente, como se fosse de fato normal: "Veja, na verdade os gatos escuros não saem bem nas selfies. É difícil distinguir suas formas: eles aparecem como uma mancha indefinida. E quem é que quer se mostrar num retrato tendo nos braços um monstrinho preto, quando os gatos brancos e ruivos são tão fotogênicos?".

A revelação deixa Ronnie de boca aberta. Em seguida, ele se irrita: como é possível que a maldição que pesa sobre os gatos negros desde os séculos obscuros da Idade Média tenha como destino se perpetuar por um motivo tão estúpido? Assim, ele pega o telefone e relata o fenômeno à Royal Society for the Prevention of Cruelty to Animals, a venerável instituição que, há cerca de dois séculos, zela pelo bem-estar da fauna que goza do privilégio de viver no Reino Unido. Aí veio a segunda surpresa.

O caso de Edwalton está longe de ser isolado. Foi o país inteiro que se voltou contra os gatos pretos. Segundo dados da RSPCA, três quartos dos felinos abrigados nos refúgios britânicos são de cor escura, uma proporção em crescimento constante nos últimos anos. No conjunto do território nacional, os súditos de Sua Majestade, ocupados em se fotografar de forma frenética, como todos os habitantes da Terra, rejeitam em massa os gatos menos fotogênicos. Mas as vítimas da cultura dos selfies não se contam apenas entre os felinos.

    Na era do narcisismo de massa, a democracia representativa está em risco de se ver mais ou menos na mesma situação que os gatos pretos. De fato, seu princípio fundamental, a intermediação, contrasta de modo radical com o espírito do tempo e com as novas tecnologias que tornam possível a desintermediação em todos os domínios. Assim, seus tempos – forçosamente longos por se basearem na exigência de elaborar e firmar compromissos –, suscitam a indignação de consumidores habituados a ver suas exigências satisfeitas em um clique. Até mesmo nos detalhes, a democracia representativa aparece como uma máquina concebida para ferir o ego dos viciados em selfies. Como assim, voto secreto? As novas convenções possibilitam, ou ao menos pretendem, que cada um se fotografe em toda e qualquer ocasião, do show de rock ao enterro. Mas se você tentar fazê-lo na cabine de voto, tudo é anulado? Não é o tratamento aos quais fomos acostumados pela Amazon e pelas redes sociais!

    Os novos movimentos populares e nacionalistas nascem também dessa insatisfação. Não é por acaso que eles põem, no centro de seu programa, a ideia de submeter a democracia representativa ao mesmo destino que o gato preto.

Como já vimos, a instauração de uma democracia direta eletrônica que tomaria o lugar do velho sistema parlamentar é a razão de ser do Movimento 5 Estrelas, a grande ideia de Gianroberto Casaleggio, à qual seu filho não parece ter renunciado. O governo de Mister Conte, aliás, inaugurou o estranho oximoro de um "ministro encarregado das relações entre o parlamento e a democracia direta".

Mas, antes dos programas, é preciso ver que a superação da democracia representativa já está disponível na oferta de participação que os novos movimentos populistas propõem a seus afiliados. Esse aspecto escapa quase sempre aos observadores, e, no entanto, é fundamental para entender a força de atração desses movimentos. Se a vontade de participar vem quase sempre da raiva acumulada, a experiência da participação no 5 Estrelas, na revolução trumpista ou no turbilhão dos Coletes Amarelos é uma experiência muito gratificante – e frequentemente alegre.

As imagens dos Coletes Amarelos que fizeram a volta ao mundo são aquelas da violência nos Champs-Elysées e dos saques às lojas parisienses. Mas, nas redes sociais, foram vistas também muitas cenas festivas, com manifestantes dançando nas rotatórias ao ritmo de melodias folclóricas e se divertindo fazendo troça uns dos outros. Para quem vive em condições de real isolamento, aderir ao carnaval populista significa fazer parte de uma comunidade e, em certo sentido, mudar de vida, mesmo se os objetivos políticos da iniciativa não são atingidos.

Na retórica dos 5 Estrelas, como nos comícios de Trump, encontra-se um tipo de lição de desenvolvimento pessoal que pretende liberar as energias do indivíduo, por muito tempo reprimidas. "A chave do sucesso de Trump", escreve Matt Taibbi, "é a ideia segundo a qual as velhas regras de decência foram feitas para os perdedores, que não têm o coração, a coragem e a 'trumpitude' para serem, simplesmente, eles mesmos". É uma mensagem libertadora, potente, perfeitamente em linha com a era do narcisismo de massa.

Para além da dimensão física, é no terreno virtual que a adesão aos movimentos nacional-populistas encontra sua realização mais completa. Lá, os algoritmos desenvolvidos e instaurados pelos engenheiros do caos dão a cada indivíduo a impressão de estar no coração de um levante histórico, e de, enfim, ser ator de uma história que ele achava que estaria condenado a suportar passivamente como figurante.

"*Take back control!*" – "retome o controle"–, o slogan do Brexit que é o argumento principal de todos os movimentos nacional-populistas, baseia-se num instinto primitivo do ser humano. Interrogando os sobreviventes dos campos de concentração, Bruno Bettelheim descobriu que aqueles que sobreviveram eram sobretudo os que conseguiram estabelecer uma zona de controle, mesmo imaginária, sobre sua vida cotidiana nos campos. Os psicólogos que estudam as pessoas idosas nos asilos constataram o mesmo processo. Quando se dá aos hóspedes dessas estruturas a possibilidade de, ao menos, escolher um quadro ou mudar um móvel de lugar, eles viverão melhor e mais tempo do que se tiverem que se submeter a condições de vida totalmente alheias à sua vontade.

Esse desejo de controle é tão forte que ele nos acompanha mesmo quando pretendemos nos abandonar à nossa própria sorte. O sujeito que joga dados, por exemplo, quer lançá-los ele próprio. E nos casos em que o resultado é oculto, ele está pronto a apostar somas muito mais elevadas no escuro do que depois de lançar. A mesma coisa vale para os outros jogos. Quem compra um bilhete de loteria quer escolher os números. Quem decide uma disputa no lançamento de moedas para o alto prefere lançar ele próprio. É toda a importância do controle, um instinto de tal forma ancorado no homem que não o abandona jamais, mesmo quando ele aposta na roleta.

Em essência, a democracia não é nada mais do que isso. Um sistema que permite aos membros de uma comunidade exercer um controle sobre seu próprio destino, não se sentir à mercê dos eventos ou de uma força superior qualquer. Assegurar a dignidade de indivíduos autônomos, responsáveis por suas escolhas e as consequências delas. Eis por que não se pode fechar os olhos para o fato de, um pouco em todos os lugares, os eleitores demonstrarem o sentimento de ter perdido o controle de seu destino por causa de forças que ameaçam seu bem-estar, sem que as classes dirigentes mexam um dedo para ajudá-los. Os engenheiros do caos entenderam que esse mal-estar poderia se transformar em um formidável recurso político e utilizaram sua magia, mais ou menos negra, para multiplicá-lo e dirigi-lo para seus próprios fins. Em termos de programa, a resposta que os nacional-populistas trazem à perda de controle é antiga: o fechamento. Fechar as fronteiras, abolir os tratados de livre-comércio, proteger aqueles que se encontram no interior através da construção de um muro, metafórico ou real, face ao mundo exterior. Mas, como tentamos mostrar até aqui, em termos de formas e de instrumentos, os engenheiros do caos conseguiram um corpo de vantagem. Para retomar a frase de Woody Allen:

na era do narcisismo tecnológico, "os maus sem dúvida compreenderam algo que os bons ignoram".

O personagem de Dominic Cummings, interpretado por Benedict Cumberbatch numa excelente ficção sobre o Brexit (*Brexit: The Uncivil War*), resume bem a maneira com que a raiva contemporânea pode ser explorada graças às novas tecnologias: "É como se nos encontrássemos numa plataforma petrolífera onde há todas essas reservas de energia escondidas, acumuladas durante anos nas profundezas submarinas. Tudo o que temos que fazer é descobrir onde elas estão, escavar e abrir a válvula para liberar a pressão". Para obter esse resultado, os engenheiros do caos algumas vezes se valeram de meios ilegais. A campanha do Brexit está sendo hoje investigada por uso de dados recolhidos pela empresa AggregateIQ, dados que permitiram que fosse enviado mais de um bilhão de mensagens personalizadas aos eleitores britânicos durante a campanha.

Esses tipos de abusos correm o risco de se multiplicar cada vez que os engenheiros do caos chegam ao poder. Na Grã-Bretanha, assim que desembarcou na Downing Street como principal conselheiro de Boris Johnson, Dominic Cummings lançou uma gigantesca campanha de comunicação oficial a favor do Brexit, centralizando os dados de todos os sites da administração britânica para poder enviar mensagens sob medida a cada súdito de Sua Majestade. Na Índia, o partido nacional populista no poder, o BJP, foi mais longe, oferecendo smartphones aos jovens e às mulheres, supostamente com o objetivo de reduzir desigualdades, para, em seguida, bombardeá-los com mensagens de propaganda dos candidatos do partido.

Mas, à parte os abusos, a força dos engenheiros do caos tem sido sobretudo a de serem capazes de lembrar que a política não é feita só de números e de interesses. É possível que nós tenhamos entrado num mundo novo, mas alguns fundamentos permanecem os mesmos. Não basta ser o primeiro da classe para ganhar, é preciso saber traçar seu caminho e, sobretudo, despertar paixões.

A capacidade de liderança e a força de uma visão política continuam a ser determinantes. Não existe projeto político vitorioso que não traga em si a vontade contagiosa de transformar a realidade, mesmo que seja dando vários passos para trás, como deseja a maioria dos nacional-populistas.

Em uma geração, os progressistas passaram de "torne seus sonhos realidade" para "torne a realidade seu sonho". Durante seu mandato, até mesmo para sua aprovação, Barack Obama fez a transição de *"yes we can"*, o slogan de seus inícios, para *"don't do stupid stuff"* – não faça bobagem –, sua regra de conduta na Casa Branca.

As forças moderadas, progressistas e liberais continuarão a recuar enquanto não conseguirem propor uma visão motivadora do futuro, capaz de trazer uma resposta convincente ao que Dominique Reynié chama de "crise patrimonial" – o medo já espalhado de perder ao mesmo tempo seu patrimônio material (seu nível de vida), e seu patrimônio imaterial (seu estilo de vida).

O objetivo deste livro, repito, não é o de negar a importância das respostas concretas para essa crise. Mas a História nos ensina que o maior reformador do século XX, Franklin Delano Roosevelt, soube, ele mesmo, combinar sua visão política com uma forma diferente de apreender a comunicação política – o que permitiu que impedisse o triunfo dos populistas de sua época. No começo dos anos 1930, o New Deal marca também o nascimento de uma New Politics, uma nova política que integra as técnicas de marketing e de publicidade desenvolvidas no setor privado para responder às expectativas e exigências dos eleitores. É, aliás, nessa época que aparecem os primeiros *spin doctors* modernos, dos quais nossos engenheiros do caos são distantes imitadores.

Hoje, a irrupção da internet e das redes sociais na política muda, mais uma vez, as regras do jogo e, paradoxalmente, ao mesmo tempo que fundadas sobre cálculos cada vez mais sofisticados, corre o risco de produzir efeitos crescentemente imprevisíveis e irracionais. Interpretar essa transformação requer uma verdadeira mudança de paradigma. Um pouco como os sábios do século passado, que foram forçados a abandonar as certezas, confortáveis mas enganosas, da física newtoniana para começar a explorar a mecânica quântica – inquietante, porém mais capaz de descrever a realidade –, nós devemos o quanto antes aceitar o fim das velhas lógicas políticas. Em seu tempo, a física newtoniana era baseada na observação a olho nu ou pelo telescópio. Ela descrevia um universo mecânico, regido por leis imutáveis, no qual certas causas produziam certas consequências. No início do século XX, os sábios pensavam ainda que a unidade última e indivisível da matéria era representada pelo átomo, uma partícula dotada de propriedades estáveis em cada um de seus comportamentos. Mas as descobertas de Max Planck e dos outros fundadores da física quântica vieram subverter essa visão plácida da realidade.

Hoje, sabemos que os átomos podem ser divididos e que eles contêm partículas cujo comportamento é extremamente imprevisível – elas se movem ao sabor do acaso e têm uma identidade tão frágil que o simples fato de as observar modifica seu comportamento.

A física quântica é salpicada de paradoxos e de fenômenos que desafiam as leis da racionalidade científica. Ela nos revela um mundo no qual nada é estável e onde uma realidade objetiva não pode existir – porque, inevitavelmente, cada observador a modifica na perspectiva de seu ponto de vista pessoal. Nessa dimensão, as interações são as propriedades mais importantes de cada objeto, e diversas verdades contraditórias podem existir sem que uma invalide a outra.

De maneira análoga, a política newtoniana estava adaptada a um mundo mais ou menos racional, controlável, no qual a uma ação correspondia uma reação e onde os eleitores podiam ser considerados como os átomos dotados de pertencimentos ideológicos, de classe ou de território, dos quais derivavam escolhas políticas definidas e constantes. De certa maneira, a democracia liberal é uma construção newtoniana, baseada na separação dos poderes e na ideia de que é possível, para os governantes e os governados, tomar decisões racionais, em cima de uma realidade mais ou menos objetiva. Empurrada a seu extremo, é a abordagem que pode conduzir, no dia seguinte à queda do Muro de Berlim, Francis Fukuyama a proclamar o fim da História.

Com a política quântica, a realidade objetiva não existe. Cada coisa se define, provisoriamente, em relação a uma outra, e, sobretudo, cada observador determina sua própria realidade. No novo mundo, como dizia o ex-presidente do Google, Eric Schmidt, é cada vez mais raro ter acesso a conteúdos que não sejam feitos sob medida. Os algoritmos da Apple, do Facebook ou do próprio Google fazem com que cada um de nós receba informações que nos interessam. E se, como diz Zuckerberg, nos interessamos mais por um esquilo agarrado na árvore em frente à nossa casa do que pela fome na África, o algoritmo dará um jeito de nos bombardear com as últimas notícias sobre os roedores do bairro, eliminando assim toda referência sobre o que se passa do outro lado do Mediterrâneo.

Assim, na política quântica, a versão do mundo que cada um de nós vê é literalmente invisível aos olhos de outros. O que afasta cada vez mais a possibilidade de um entendimento coletivo. Segundo a sabedoria popular, para se entender seria necessário "colocar-se no lugar do outro", mas na realidade dos algoritmos essa operação se tornou impossível. Cada um marcha dentro de sua própria bolha, no interior da qual certas vozes se fazem ouvir mais do que outras e alguns fatos existem mais do que os outros. E nós não temos nenhuma possibilidade de sair disso, e menos ainda de trocar com outra pessoa. "Nós parecemos loucos uns para os outros", diz Jaron Lanier, e é verdade. Não são nossas opiniões sobre os fatos que nos dividem, mas os fatos em si.

Na velha política newtoniana, a advertência de Daniel Patrick Moynihan, "Cada um tem direito a suas próprias opiniões, mas não a seus próprios fatos", podia ainda ter valor, mas na política quântica esse princípio não é mais viável. E todos aqueles que se esforçam para reabilitá-lo contra os Salvini e os Trump, estão destinados ao fracasso.

A política quântica é plena de paradoxos: bilionários se tornam os porta-estandartes da cólera dos desvalidos; os responsáveis por decisões públicas fazem da ignorância uma bandeira; ministros contestam os dados de sua própria administração. O direito de se contradizer e ir embora, que Baudelaire invocava para os artistas, virou, para os novos políticos, o direito de se contradizer e permanecer, sustentando tudo e seu contrário, numa sucessão de *tweets* e de transmissões ao vivo no Facebook que vai construindo, tijolo após tijolo, uma realidade paralela para cada um dos seguidores.

Desde então, vociferar para exigir respeito às velhas regras do jogo da política newtoniana não serve para muita coisa. "A mecânica quântica", escreveu Antonio Ereditato em seu último livro, "é uma teoria física indigesta porque entra em conflito de maneira dramática com nossa intuição e com a maneira pela qual nos habituamos a ver o mundo durante séculos." E, no entanto, os físicos não cruzaram os braços. Armados de paciência e curiosidade, eles começaram a explorar as coordenadas do novo mundo no qual as descobertas de Max Planck e companhia os precipitaram.

Na política, essa atitude coincide exatamente com o espírito evocado por um outro grande reformador, John Maynard Keynes, quando, passadas a Primeira Guerra e a Revolução Soviética, se dirigia aos jovens liberais reunidos em sua Summer School:

"Quase toda a sabedoria de nossos homens de Estado foi erigida sobre pressupostos que eram verdadeiros numa época, ou parcialmente verdadeiros, e que o são, a cada dia, menos. Nós devemos inventar uma nova sabedoria para uma nova época. E ao mesmo tempo, se queremos reconstruir algo de bom, vamos precisar parecer heréticos, inoportunos e desobedientes aos olhos de todos aqueles que nos precederam."

É desse espírito, ao mesmo tempo criador e subversivo, que todos os democratas deverão se apropriar para reinventar as formas e os conteúdos da política dos próximos anos, se quiserem ser capazes de defender seus valores e suas ideias na era da política quântica.

■ NOTAS BIBLIOGRÁFICAS

Introdução

Todas as citações de Goethe são extraídas de Johann Wolfgang Goethe, *Voyage en Italie* [*Viagem à Itália**] (1786-1788), Milan, Rizzoli, 2007.

Para uma reconstrução do caráter fundamental do estilo carnavalesco: Mikhail Bakhtine, *L'oeuvre de François Rabelais et la culture populaire au Moyen Âge et sous la Renaissance* [*Cultura popular na idade média: o contexto de François Rabelais**], Paris, Gallimard, 1982.

Para uma leitura carnavalesca do populismo: David Brooks, "The Lord of Misrule" ["O lorde do desgoverno]", em *The New York Times*, 17 de janeiro, 2017; Elizaveta Gaufman, "The Trump Carnival: Popular Appeal in the Age of Misinformation" ["O carnaval de Trump: Apelo Popular na era da desinformação"], em *International Relations*, I-20, 2018.

A citação do *Financial Times* abre o editorial não assinado "Rome opens its gates to the modern barbarians" ["Roma abre as portas para os bárbaros modernos"], em 14 de maio de 2018.

Todas as citações de Dominic Cummings presentes no livro são extraídas de seu blog <https://dominiccumings.com>.

A citação de Milo Yiannopoulos foi extraída de seu vídeo "The Politics of Halloween" ["A política de Halloween"] <https://www.youtube.com/watch?v=e_muE9faO_g>.

A citação de Mencius Moldbug foi extraída de: Jaron Lanier, *Ten Arguments For Deleting Your Social Media Accounts Right Now* [*Dez argumentos para você deletar agora suas redes sociais**], Londres, The Bodley Head, 2018.

Sobre o populismo digital: Francis Brochet, *Démocratie smartphone: Le populisme numérique, de Trump à Macron* [*Democracia smartphone: O populismo digital, de Trump a Macron***], Paris, François Bourin, 2017; Alessandro Dal Lago, *Populismo digitale: La crisi, la rete e la nuova destra* [*Populismo digital: A crise, a rede e a nova direita***], Milan, Raffaello Cortina, 2017; Massimiliano Panarari, *Uno non vale uno: Democrazia diretta e altri miti d'oggi* [*Um não vale um: Democracia direta e outros mitos de hoje***], Veneza, Marsilio, 2018.

O citado livro de George Osborne é *The Age of Unreason* [*A idade da desrazão***], Londres, William Collins, 2019.

1. O Vale do Silício do populismo

A versão integral de minha entrevista com Steve Bannon foi publicada na edição de *Il Foglio* de primeiro de outubro de 2018, sob o título "Il diavolo veste Bannon" ["O diabo veste Bannon"].

Para uma reconstrução detalhada do percurso de Steve Bannon: Joshua Green, *Devil's Bargain. Steve Bannon, Donald Trump and the Nationalist Uprising* [*A barganha do diabo. Steve Bannon, Donald Trump e a insurreição nacionalista***], Nova York, Penguin Press, 2017.

O conto de Ennio Flaiano: *Un marziano a Roma* [*Um marciano em Roma**] in *Diario notturno*, [*Diário noturno***], Milão, Adelphi, 1994.

A citação de Mark Lilla foi extraída de: Mark Lilla, *The Shipwrecked Mind: On Political Reaction*, [*A mente naufragada: sobre o espírito reacionário**], Nova York, New York Review Books, 2016.

A citação de Winston Churchill foi extraída de *The Times*, edição de 21 de janeiro, 1927.

A citação de Francesco Saverio Borrelli foi extraída de Giovanni Orsina, *La democrazia del narcisismo. Breve storia dell'antipolitica* [*A democracia do narcisismo. Breve história da antipolítica***], Veneza, Marsilio, 2018, p. 151.

Para uma análise da Itália como laboratório político contemporâneo: Ilvo Diamanti – Marc Lazar, *Popolocrazia: La metamorfosi delle nostre democrazie* [*"Populocracia": a metamorfose da nossa democracia***] Bari, Laterza, 2018.

2. A Netflix da política

O relato do primeiro encontro entre Beppe Grillo e Gianroberto Casaleggio foi extraído do prefácio de Beppe Grillo no livro: Gianroberto Casaleggio, *Web Ergo Sum*, Milão, Sperling & Kupfer, 2004.

Já escrevi antes sobre o Movimento 5 Estrelas no livro: *La rabbia e l'algoritmo: Il grillismo preso sul serio* [*A raiva e o algoritmo: o grillismo levado a sério***] Veneza, Marsilio, 2017.

Outras análises do Movimento são propostas em: Obsolete Capitalism (edited by) [Capitalismo obsoleto (editado por)]: *Nascita del populismo digitale. Masse, potere e postdemocrazia nel XXI secolo* [*Nascimento do populismo digital. Massa, poder e pós-democracia no século XXI***], Obsolete Capitalism Free Press, 2014; Giuliano Santoro, *Breaking Beppe. Dal Grillo qualunque alla Guerra civile simulata*, [*De um Grillo qualquer à guerra civil simulada***], Roma, Lit Edizioni, 2014; Federico Mello, *Un altro blog è possibile. Democrazia e internet ai tempi di Beppe Grillo* [*Um outro blog é* *possível. Democracia e internet nos tempos de Beppe Grillo***], Reggio Emilia, Imprimatur, 2014; Jacopo Iacoboni, *L'esperimento. Inchiesta sul Movimento 5 Stelle* [*O experimento. Enquete sobre o Movimento 5 Estrelas***], Bari, Laterza, 2018.

Quase todas as citações de Grillo e de Casaleggio presentes nesta obra foram extraídas desses textos, mas também do blog <www.beppegrillo.it> e de Nicola Biondo e Marco Canestrari, *Supernova*, Milão, Salani, 2018.

O livro de Davide Casaleggio citado neste capítulo é: Davide Casaleggio, *Tu Sei Rete. La rivoluzione del business, del marketing e della politica attraverso le reti sociali* [*Você é a rede. A revolução do business, do marketing e da política através das redes sociais***], Milão, Casaleggio Associati, 2012.

O paralelo entre o Movimento 5 Estrelas e a Netflix se encontra na entrevista concedida por Davide Casaleggio ao *Corriere della Sera*, em 3 de abril, 2017.

3. Waldo conquista o planeta

A tese sobre a raiva é desenvolvida em: Peter Sloterdijk, *Colère et temps* [*Cólera e tempo**], Paris, Libella-Maren Sell, 2007.

Os slogans punitivos são mencionados por Simon Kuper, "Populists and the glee of punishment" ["Os populistas e a alegria da punição"], em *The Financial Times*, edição de sábado, 25 de março/domingo 26 de março, 2017.

A citação de Jonathan Franzen foi extraída de: Francesco Pacifico, "Jonathan Franzen racconta Donald Trump" ["Jonathan Franzen narra Donald Trump"], em *IL – Idee e Lifestyle del Sole 24 Ore*, 9 de março, 2017.

Sobre a rejeição das elites às novas tecnologias: Thomas M. Nichols, *The Death of Expertise: The Campaign against Established Knowledge and Why It Matters* [*A morte da expertise: a campanha* *contra o saber estabelecido e por que isso é importante***], Nova York, Oxford University Press, 2017.

Sobre a impaciência ligada às novas tecnologias: Gilles Finchelstein, *La Dictature de l'urgence* [*A ditadura da urgência***], Paris, Fayard, 2011.

A citação de Sean Parker foi extraída de Jaron Lanier, *op. cit.*

Os dados sobre o uso compulsivo de smartphones foram extraídos de Jean Abbiateci, "Mon smartphone, mon obsession" ["Meu smartphone, minha obsessão"], em *Le Temps*, 12 de dezembro, 2017.

Para uma leitura psicanalítica da raiva: Daniel Marcelli, *Avoir la rage. Du besoin de créer à l'envie de détruire* [*Ter raiva. Da necessidade de criar à vontade de destruir***], Paris, Albin Michel, 2016.

O romance autobiográfico de Simone Lenzi é *In esilio* [*No exílio***], Milão, Rizzoli, 2018.

O estudo do MIT sobre a rapidez da propagação de *fake news*: Soroush Vosoughi, Deb Roy, Sinan Aral, "The Spread of True and False News Online" ["A propagação da verdade e das falsas notícias on-line"], em *Science*, 9 de março, 2018.

A citação de Jaron Lanier foi extraída de: Jaron Lanier, *Dawn of the New Everything: Encounters with Reality and Virtual Reality* [*O amanhecer do novo tudo: encontros com a realidade e a realidade virtual***], Nova York, Henry Holt & Co., 2017.

Os elos entre o Facebook e as explosões de violência mundo afora são relatados, entre outros, por Evan Osnos em "Ghost in the Machine" ["Fantasma na máquina"], em *The New Yorker*, 17 de setembro, 2018.

Sobre o papel do Facebook no movimento dos Coletes Amarelos: Vincent Glad, "Dans le combat final des gilets jaunes, Jupiter va affronter des moderateurs Facebook" ["No combate final dos Coletes Amarelos, Júpiter vai enfrentar os moderadores do Facebook"], em *Libération*, 30 de novembro, 2018; Olivier Ertzscheid, "Les gilets jaunes et la plateforme bleue" ["Os Coletes Amarelos e a plataforma azul"], em *Affordance.info*, 19 novembre 2018, <https://www.affordance.info/mon_weblog/2018/11/gilets-jaunes-facebook-bleu.html>.

A citação de Marylin Maeso foi extraída de: *Les Conspirateurs du silence* [*Os conspiradores do silêncio***], Paris, Ed. de l'Observatoire, 2018. Para uma reflexão filosófica sobre as dinâmicas das redes sociais: Raphaël Enthoven, *Little Brother* [*O pequeno irmão***], Paris, Gallimard, 2017.

Todas as citações de Arthur Finkelstein presentes neste livro foram extraídas de sua conferência de 16 de maio de 2011 no Instituto Cervo de Praga. Vídeo: <https://www.youtube.com/watch?v=IfCBpCBOECU>.

Para uma descrição do funcionamento da propaganda digital da Liga: Steven Forti, "La bestia, ovvero del come funziona la propaganda di Salvini" ["A besta, ou como funciona a propaganda de Salvini"], em *Rolling Stone*, 11 de julho, 2018.

As citações de Luca Morisi foram extraídas de Bruno Vespa, *Rivoluzione. Uomini e retroscena della Terza Repubblica* [*Revolução. Homens e bastidores da Terceira República***], Milão, Mondadori, 2018, e de You Trend, "A tu per tu con lo spin doctor Luca Morisi" ["Um cara a cara com o *spin doctor* Luca Morisi"], em *You Trend*, 11 de outubro, 2018, <https://www.youtrend.it/2018/10/11/atu-per-tu-con-lo-spin-doctor-luca-morisi-intervista>.

Sobre a campanha digital do AFD na Alemanha: Vernon Silver, "The German Far Right Gets American Aid" ["A extrema-direita alemã recebe ajuda americana"], em Bloomberg Businessweek, 2 de outubro, 2017.

Sobre a campanha digital de Jair Bolsonaro no Brasil: Ryan Broderick, "Everything You Need to Know About Jair Bolsonaro, The Donald Trump of Brazil" ["Tudo que você precisa saber sobre Jair Bolsonaro, o Donald Trump do Brasil"], em Buzzfeed, 8 de outubro, 2018, <https://www.buzzfeednews.com/article/ryanhatesthis/meet-jair-bolsonaro-the-evangelical-far-rightanti-gay>.

A citação de Andy Wigmore foi extraída de Tim Shipman, *All Out War: The Full Story of Brexit* [*Guerra generalizada: a história completa do Brexit***], Londres, William Collins, 2017.

O paralelo entre a eletricidade e os algoritmos é de Paul Vacca, "Les algorithmes de la cólera" ["Os algoritmos da cólera"], em *Trends Tendances*, 5 de abril, 2018.

4. *Troll*, o Chefe

Os dados sobre as buscas no Google e as adesões em Stormfront na noite da eleição de Obama foram extraídos de: Seth Stephen-Davidowitz, *Everybody Lies: Big Data, New Data, and What the Internet Can Tell Us About Who We Really Are* [*Todo mundo mente: Big data, New Data e o que a internet pode nos ensinar sobre quem nós realmente somos***], Nova York, Harper Collins, 2017.

Para uma reconstrução original e esclarecedora da campanha de Donald Trump: Matt Taibbi, *Insane Clown President. Dispatches from the 2016 Circus* [*O insano presidente palhaço. Despachos do circo de 2016***], Nova York, Spiegel & Grau, 2017.

Sobre a relação entre Steve Bannon, Milo Yiannopoulos e os gamers: Joshua Green, op. cit.; Martin Moore, *Democracy Hacked: Political Turmoil and Information Warfare in the Digital Age* [*Democracia hackeada: Turbulência política e guerra de informação na era digital***] Londres, Oneworld, 2018. Destes dois textos também foi extraída a maioria das citações de Bannon e Yiannopoulos.

A citação de Andrew Breitbart vem de uma entrevista concedida à *Accuracy in Media* em 5 de maio de 2011, <https://www.aim.org/podcast/take-aim-andrew-breitbart>. Seu livro é *Righteous Indignation: Excuse Me While I Save the World* [*Indignação de direita: me dê licença enquanto eu salvo o mundo***], Nova York, Grand Central Publishing, 2011.

O livro-reportagem que investiga os Clinton, financiado por Bannon, é: Peter Schweizer, *Clinton Cash: The Untold Story of How and Why Foreign Governments and Businesses Helped Make Bill and Hillary Rich* [*Clinton cash: a história secreta de como e por que os governos estrangeiros e os negócios ajudaram Bill e Hillary a ficarem ricos***], Nova York, Harper, 2015.

Sobre a guinada à direita da transgressão: Franco Berardi, dito "Bifo", *Futurabilità*, [*Futurabilidade***], Roma, Nero, 2018.

A citação do produtor de reality shows: Seth Grossman, "Donald Trump, Our Reality TV Candidate" ["Donald Trump, nosso candidato da Reality TV"], em *The New York Times*, 27 de setembro, 2015.

Sobre o culto à autenticidade nos reality shows: Susan Murray, Laurie Ouellette, *Reality TV. Remaking Television Culture* [*Reality TV: refazendo a cultura televisiva***], Nova York, New York University Press, 2004.

5. Um estranho casal em Budapeste

A biografia de referência de Viktor Orban é: Paul Lendvai, *Orbán: Hungary's Strongman* [*Orban: o homem forte da Hungria***] Oxford, Oxford University Press, 2016.

As citações de Viktor Orban foram extraídas de seus discursos oficiais e de entrevistas concedidas à *Bloomberg News* em 14 de dezembro de 2014 (<https://www.bloomberg.com/news/articles/2014-12-15/hungary-on-path-to-shedjunk-grade-and-shieldforint-orban-says>) e à *Politico* em 23 de novembro de 2015 (<https://www.politico.eu/article/viktororban-interview-terroristsmigrants-eu-russia-putin-bordersschengen>).

Para uma reconstrução detalhada da campanha contra os imigrantes: Daniel Howden, "The Manufacture of Hatred: Scapegoating Refugees in Central Europe" [Manufatura do ódio:

os bodes expiatórios refugiados na Europa Central], em *Refugees Deeply*, 14 de dezembro, 2016 (<https://www.newsdeeply.com/refugees/articles/2016/12/14/the-manufacture-of hatred-scapegoating-refugees-in-central-europe>).

Para uma análise contundente da evolução do Leste Europeu: Ivan Krastev, "Explaining Eastern Europe: Imitation and Its Discontents" ["Explicando a Europa Oriental: A imitação e seus descontentes"], em *Journal of Democracy*, julho, 2018.

O texto do *vade mecum* do Movimento 5 Estrelas está em: Nicola Biondo, Marco Canestrari, op. cit.

Para uma sociografia dos eleitores do AFD: Patrick Moreau, *Alternative für Deutschland: Établissement électoral, de la création en 2013 aux élections régionales de Hesse d'octobre 2018* [*Alternative für Deutschland, estabelecimento eleitoral, da criação em 2013 às eleições regionais de Hesse em outubro de 2018***], Paris, Fondation pour l'innovation politique, 2018.

Sobre a convergência dos extremos na França: Dominique Nora, "Fachés et fachos" ["Zangados e fascistas"], em *L'Obs*, 15 de novembro, 2018.

6. Os "físicos" e os dados

A peça de Friedrich Dürrenmatt é *I fisici* [*Os físicos**] Turim, Einaudi, 1985.

A citação de Auguste Comte foi extraída de *La Science sociale* [*A ciência social***], Paris, Gallimard, 1972.

A respeito da indústria da vida: Éric Sadin, *La Siliconisation du monde* [*A siliconização do mundo***], Paris, éditions L'Échappée, 2016.

A citação de Tucídides foi extraída de: Luciano Canfora, *La natura del potere* [*A natureza do poder***], Bari, Laterza, 2009.

Sobre o uso dos dados na campanha a favor do Brexit: Tim Shipman, op. cit.

Sobre a campanha à reeleição de Barack Obama: *The Victory Lab: The Secret Science of Winning Campaigns* [*O laboratório da vitória: A ciência secreta das campanhas vencedoras***]. E sobre o Big Data como "microscópio político": Zeynep Tufekci, "Engineering the Public: Big Data, Surveillance and Computational Politics" ["A engenharia do público: Big Data, vigilância e política computacional"], em *First Monday*, v. 19, n. 7, 7 de julho, 2014.

Sobre o uso dos dados na campanha eleitoral de Trump: Joshua Green – Sasha Issenberg, "Inside the Trump Bunker with 12 Days to Go" ["Por dentro do bunker de Trump a 12 dias das eleições"], em *Bloomberg Businessweek*, 27 de outubro, 2016; Sue Halpern, "How He Used Facebook to Win" ["Como ele usou o Facebook para vencer"], in *The New York Review of Books*, 8 de junho de 2017.

Sobre as campanhas eleitorais transformadas em guerras entre softwares: Jamie Bartlett, *The People Vs. Tech: How the Internet Is Killing Democracy* [*O povo Vs. Tech: Como a internet está matando a democracia***], Londres, Ebury, 2018.

Michel Foucault profetizou a abolição das massas em *Surveiller et punir* [*Vigiar e punir**], Paris, Gallimard, 1975.

Sobre a política centrífuga: Peter Pomerantsev, "Pop-Up People", em *Granta Magazine*, 15 de agosto, 2017; Peter Pomerantsev, "The Mirage of Populism" ["A miragem do populismo"], em *The American Interest*, 22 de dezembro, 2017.

Sobre a nova economia do extremismo: Nick Cohen, Tommy Robinson and the rise of the new extremists" ["Tommy Robinson e a ascensão dos novos extremistas"], em *The Spectator*, 7 de junho, 2018.

Sobre o líder político como o personagem Revizor: Christian Salmon, *La cérémonie cannibale: De la performance politique* [*A cerimônia canibal: sobre a performance política***], Paris, Fayard, 2013.

O livro de Peter Gay sobre a República de Weimar: Peter Gay, *Weimar Culture: The Outsider As Insider* [*A cultura de Weimar**: *o outsider como insider***], Nova York, Norton, 2013.

A citação de Nassim Nicholas Taleb foi extraída de seu livro *Skin In the Game: Hidden Asymmetries in Daily Life*, [*Arriscando a própria pele: assimetrias ocultas no cotidiano**] Nova York, Random House, 2018.

O estudo de Serge Galam sobre Trump: *The Trump Phenomenon: An Explanation from Sociophysics* [*O fenômeno Trump: uma explicação da física social***], 22 de agosto de 2016 (<https://arxiv.org/abs/1609.03933>).

Sobre as cascatas cognitivas: Cass R. Sunstein, *#republic: Divided Democracy in the Age of Social Media* [*#república: a democracia dividida na era das mídias sociais***], Princeton, Princeton University Press, 2017.

Sobre a desafeição pela democracia por parte das novas gerações: Roberto Stefan Foa – Yascha Mounk, "The Democratic Disconnect" ["A desconexão democrática"], em *Journal of Democracy* v. 27, n. 3, julho, 2016.

Conclusão

Sobre o aspecto festivo e tribal do carnaval populista: Michel Maffesoli, "Gilets jaunes en sécession: les élites désemparées face à l'extrme-peuple" ["Coletes amarelos em secessão: as elites desamparadas diante do extremo-povo"], em *Atlantico*, 24 de dezembro, 2018 (<https://www.atlantico.fr/decryptage/3562131/giletsjaunes-en-secession-les-elites-desemparees-face-a-l-extremepeuple-michel-maffesoli>).

Sobre a importância do controle: Leonard Mlodinow, "The limits of control" ["Os limites do controle"], em *The International Herald Tribune*, 17 de junho, 2009.

Sobre a democracia como sistema que permite a uma comunidade ter controle de seu destino: John Dunn (Ed.), *Democracy: The Unfinished Journey* [*Democracia: a jornada inacabada***] Oxford, Oxford University Press, 1992.

Brexit: The Uncivil War [*Brexit: a guerra incivil*], a ficção televisiva interpretada por Dominic Cumberbatch, foi produzida pelo Channel Four em 2019.

Dominique Reynié descreve o populismo patrimonial em *Les nouveaux populismes* [*Os novos populismos***], Paris, Fayard/ Pluriel, 2013.

Para uma reconstrução da gênese da New Politics [Nova Política] de Roosevelt: David Colon, *Propagande: La manipulation de masse dans le monde contemporain* [*Propaganda: a manipulação de massa no mundo contemporâneo***], Paris, Belin, 2019.

Para uma ideia visionária (e pré-internet) da política quântica: Theodore L. Becker (Ed.), *Quantum Politics: Applying Quantum Theory to Political Phenomena* [*Política quântica: aplicando a teoria quântica ao fenômeno político***], Nova York, Praeger, 1991.

A citação de Antonio Ereditato foi extraída de: Edoardo Boncinelli – Antonio Ereditato, *Il cosmo della mente: Breve storia di come l'uomo ha creato l'universo* [*O cosmo da mente: breve história de como o homem criou o universo**], Milão, Il Saggiatore, 2018.

A citação de John Maynard Keynes foi extraída de "Am I A Liberal?" ["Eu sou um liberal?"], em *The Nation & Athenaeum*, 15 de agosto, 1925.

(*) Obras literárias que foram publicadas no Brasil. O título em português é o da edição brasileira.

(**) Obras literárias que não foram publicadas no Brasil. A tradução do título é livre.

Os títulos de reportagens publicadas em veículos estrangeiros têm sempre tradução livre.

Este livro foi composto com tipografia adobe Adobe Garamond Pro
e impresso em papel Off-White 80 g/m² na Formato Artes Gráficas